KILO
GINGE
Model

Jeanne d'Arc Living

Vivian Christensen
Lonnie Würtz Jensen

www.jeannedarcliving.dk

Grafische Gestaltung:
Helle Routhe
& Lonnie Würtz Jensen

FOTOS:
Jeanne d'Arc Living

ÜBERSETZUNG:
Englisch, Deutsch und Niederländisch
www.wordtoword.dk

ISBN 978-87-92843-07-4

Liebe Leserin, lieber Leser,

Wir lieben gutes Essen und ein gemütliches BEISAMMENSEIN. Für uns ist das nicht Arbeit, sondern eine Frage des LEBENSSTILS. Keiner von uns verfügt über eine KOCHAUSBILDUNG. Was uns antreibt, ist unser INTERESSE daran, GUTES ESSEN zuzubereiten und zu genießen. Die REZEPTE, die wir in den vergangenen Jahren in unserem Magazin präsentiert haben, brachten uns immer wieder Lob ein. Offenbar sind wir also nicht allein mit dieser BEGEISTERUNG. Vielleicht spielt ja auch eine ROLLE, dass alle unsere Rezepte derart einfach nachzumachen sind, dass es ein Leichtes ist, sich von dieser Begeisterung anstecken zu lassen? Das perfekte Essen ist für uns einfach, lecker und aus ZUTATEN zubereitet, für die man nicht extra in das Delikatessengeschäft fahren muss.

Jedes mal, wenn wir an einem Rezept arbeiten, herrscht FESTSTIMMUNG in unserem Büro. Obwohl wir hier bei uns eine hervorragende Mittagsküche haben, ist es etwas ganz anderes, wenn SELBSTGEMACHTE Mahlzeiten auf dem MENÜ stehen. Eine WUNDERVOLLE Mitarbeiterin sagte neulich: "Stellt Euch vor, dass wir dafür sogar noch Geld bekommen!"

Es ist kein Geheimnis, dass ich es mir gerne leicht mache. Bei der QUALITÄT gehe ich jedoch keine Kompromisse ein. Nichts geht über EINFACHE GERICHTE mit wenigen, aber guten ZUTATEN.

Beim KOCHEN geht es nicht darum, schnell fertig zu werden. Kochen ist ein spannender und KREATIVER Prozess. Und eine große LEIDENSCHAFT. Man zelebriert den KLEINEN UNTERSCHIED, durch den ein alltägliches GERICHT zu einem FESTMAHL wird.

Natürlich gibt es auch solche TAGE, an denen wir morgens schnell eine PORTION Haferflocken im STEHEN verdrücken oder das FRÜHSTÜCK komplett überspringen. Mir ist irgendwann klar geworden, welchen UNTERSCHIED es macht, sich die ZEIT zu nehmen, um der ganzen FAMILIE zumindest ein kurzes gemeinsames Frühstück zu ermöglichen. Das hebt nicht nur die STIMMUNG, sondern schenkt uns allen einen energiegeladenen START in den Tag. Dafür braucht es keinen aufwändig gedeckten TISCH. Ich selbst begnüge mich damit, ein paar Stück Käse auf einem TELLER anzurichten und etwas frisches Obst in mundgerechte Stücke zu schneiden. Dazu ein paar KERZEN oder ein paar BLUMEN auf den Tisch stellen.

Im Alltag muss die Zubereitung schnell und EINFACH gehen. Umso wertvoller sind solche kleinen DETAILS, die kaum Zeit kosten, aber einen enormen Unterschied machen. An WOCHENENDEN verwenden wir dann richtig viel Zeit für das Frühstück, backen frisches Brot und gönnen uns ein leckeres DESSERT.

Wir LIEBEN es, unser Brot selbst zu backen. Der Duft und der Geschmack FRISCHEN BROTS ist etwas ganz Besonderes. Und wenn man erst einmal etwas ÜBUNG hat, nimmt es nicht einmal viel Zeit in Anspruch.

GUTES ESSEN lebt von den ZUTATEN. Achten Sie auf saisonale Zutaten aus der Region, und entdecken Sie eine neue geschmackliche QUALITÄT.

Natürlich geht es uns aber auch um das ZUSAMMENSEIN. Um BEHAGLICHKEIT und LEBENDFREUDE. Entscheidend ist, das Ergebnis ZU GENIESSEN.

Viele Menschen haben uns gefragt, ob wird nicht UNSERE REZEPTE zusammentragen und in einem BUCH veröffentlichen könnten. Das Ergebnis sehen Sie hier: unsere BESTEN REZEPTE aus dem Magazin Jeanne d'Arc Living.

GUTEN APPETIT!

Lonnie und Vivian

Inhalt

JANUAR

JANUAR ist der Monat, in dem sich die MEISTEN von uns danach sehnen, etwas GESÜNDER zu leben und etwas Geld zu SPAREN. Nach dem weihnachtlichen ÜBERFLUSS hat man erst einmal eine ausreichende Dosis an GEMÜTLICHEN STUNDEN mit Freunden und Familie bekommen. Jetzt begnügt man sich gerne mit GESUNDEN und EINFACHEN Suppen oder WINTERLICHER Hausmannskost mit WURZELGEMÜSE. Denken Sie auch mal daran, sich selbst hin und wieder zu VERWÖHNEN. Wie wäre es mit HAUSGEMACHTEM Kuchen oder DESSERTS aus guten Zutaten, mit richtig viel Sahne und Zucker? GENIESSEN Sie den Jahresbeginn in vollen Zügen!

Gratin mit Wurzelgemüse

Für 4 Personen

Sie benötigen:

300 g Topinambur
300 g Kartoffeln
50 g Butter
Salz
Geriebener Muskat
2 dl Schlagsahne
25 g geriebener Emmentaler
12 frische Salbeiblätter
1 EL Olivenöl

Zubereitung:

Die Topinambur und die Kartoffeln putzen und grob reiben. In etwas Butter anbraten. Sahne hinzugeben und mit Salz und Muskat abschmecken. In 6 kleine, eingefettete Formen legen und etwas Käse darübergeben. 30 Minuten bei 220 Grad in den Ofen geben, bis der Käse geschmolzen ist und eine goldene Farbe annimmt.

Ofen-Wurzelgemüse

Für 4 Personen

Sie benötigen:

800 g gemischtes Wurzelgemüse
2 EL Olivenöl
Salz und Pfeffer
1 Packung Feta

Zubereitung:

Das Wurzelgemüse putzen und in kleine Würfel schneiden. Mit Öl, Salz und Pfeffer in eine Plastiktüte geben und gut mischen. Anschließend den Inhalt in eine ofenfeste Form geben oder auf Backpapier verteilen. Bei 220 Grad für 30-40 Minuten in den Ofen geben, bis das Gemüse eine goldene Farbe annimmt. In einer Schale anrichten und Fetakäse in kleinen Stücken darüberstreuseln.

Wurzelgemüsechips mit Dip

Sie benötigen:

500 g gemischtes Wurzelgemüse
2 EL Olivenöl
1 EL Salz
Getrocknete Kräuter

Zubereitung:

Verschiedene Wurzelgemüse Ihrer Wahl in dünne Scheiben schneiden. Den Ofen auf 250 Grad vorheizen. Die Scheiben trockentupfen und gemeinsam mit Öl und Gewürzen in eine Tüte geben und durchmischen. Danach auf Backpapier ausbreiten oder in eine Pfanne geben und für 15-20 Minuten in den Ofen geben. Regelmäßig kontrollieren, damit die Chips nicht zu dunkel werden. Mit selbstgemachten Dips servieren.

ROTER DIP

200 ml Dickmilch oder Joghurt, 3 EL Ketchup, 2 EL Mayonnaise, Paprika- und Chilipulver

GRÜNER DIP

250 ml Dickmilch oder Joghurt, 2 EL Mayonnaise, 3 EL feingehackter Dill, 1 EL Zitronensaft, Salz und Pfeffer

Wurzelpüree aus dem Ofen

Für 4 Personen

Sie benötigen:

Ca. 800 g gemischtes Wurzelgemüse, z. B. Mohrrüben, Kartoffeln, Pastinaken

2 Eier

Geriebener Käse

Salz

Zubereitung:

Das Wurzelgemüse OHNE Salz kochen. Mit etwas Kochwasser zu einem gleichmäßigen Püree verarbeiten. Eier trennen und die Eigelbe mit etwas Salz untermischen. Das Eiweiß steif schlagen und unterheben. Butterflocken und Käse darübergeben und bei 220 Grad 30 Minuten in den Ofen stellen, bis der Käse eine goldene Farbe annimmt.

Französische Baguettes

Reicht für 2 Brote

Sie benötigen:

200 ml handwarmes Wasser

25 g Hefe

1 TL Salz

300 g Mehl

Zubereitung:

Hefe im Wasser verrühren. Salz und Mehl hinzugeben und zu einem geschmeidigen Teig kneten. 20 Minuten gehen lassen und den Teig anschließend teilen. Aus jedem Stück ein Baguette von ca. 40 cm Länge formen und weitere 20 Minuten gehen lassen. Einschneiden, mit Wasser einpinseln und für 15 Minuten bei 250 Grad in den Ofen geben.

Kartoffelsuppe

Kartoffelsuppe
Für 4 Personen

Sie benötigen:
300 g Kartoffeln
1 gehackte Zwiebel
1 TL Thymian
600 ml Wasser
2 Würfel Hühnerbouillon
100 ml Schlagsahne
Salz
Weißer Pfeffer
150 g Bacon, gewürfelt

Zubereitung:
Kartoffeln und Zwiebeln schälen und würfeln. Den Bacon knusprig braten und auf Küchenpapier legen. Die Zwiebeln in das ausgelassene Fett legen und anbraten. Kartoffeln und Thymian hinzugeben. Danach Wasser aufgießen und den Bouillon dazugeben. 15 Minuten köcheln lassen und anschließend mit einem Stabmixer zu einer feinen Suppe verarbeiten. Sahne hinzugeben und mit Pfeffer und Salz abschmecken. Vor dem Servieren mit den Baconwürfeln garnieren.

Gratiniertes Brot

Sie benötigen:
4 Scheiben Baguette
80 g milder Schnittkäse

Zubereitung:
Die Brotscheiben mit Käse bedecken und für 5 Minuten bei 250 Grad im Ofen gratinieren.

Gemüsesuppe
Für 2-4 Personen

Sie benötigen:
25 g Butter
400 g TK-Suppenkräuter
500 ml Wasser
1 Würfel Gemüsebrühe
500 ml fettarme Milch
1 Stange Porree
1,5 TL grobes Salz
Pfeffer

Zubereitung:
Die Butter in einem großen Topf schmelzen, Die Kräuter anschwitzen. Wasser, Brühe und Milch zugeben und aufkochen lassen. 10 Minuten bei niedriger Wärme köcheln lassen und anschließend mit einem Stabmixer verarbeiten. Den Porree in Ringe schneiden und hinzugeben.

Omas Rindfleischsuppe

Für 8 Personen

Sie benötigen:

2 kg Rindfleisch, gerne Brust oder Bug
1/2 Selleriewurzel, klein
6 Mohrrüben
1 Petersilienwurzel
4 Porrees
2 Zwiebeln

Zubereitung:

Das Fleisch in einen Topf legen und knapp mit Wasser bedecken und zum Kochen bringen. Drei Mohrrüben und zwei Porrees, gerne auch einige der anderen Gemüse, in feine Stücke schneiden und zur Seite legen. Das übrige Gemüse grob hacken und in das kochende Wasser geben. 3-4 Stunden köcheln lassen, danach das Fleisch herausheben. Die Suppe durch ein Sieb gießen, das fein geschnittene Gemüse hinzugeben und 10 Minuten köcheln lassen. Mit Salz abschmecken. Das Fleisch in mundgerechte Stücke schneiden und mit den Fleisch- und Mehlklößchen in die Suppe geben.

Mehlklößchen

Sie benötigen:

75 g Butter
100 g Mehl
150 ml Wasser
2 Eier
Salz

Zubereitung:

Die Butter in einem Topf schmelzen lassen und anschließend Mehl und Wasser dazugeben. Kräftig rühren. Anschließend die Eier einzeln zugeben und verrühren. Den Teig mit etwas Salz abschmecken und abkühlen lassen. Währenddessen leicht gesalzenes Wasser zum kochen bringen. Die Wärme reduzieren und den Teig als kleine Klößchen geformt in das Wasser geben. Im nicht mehr kochenden Wasser garen lassen und herausheben und abtropfen lassen, sobald die Klößchen an die Wasseroberfläche steigen.

Fleischklößchen

Sie benötigen:

500 g Kalbs- oder Schweinehack
1 Ei
1 fein geriebene Zwiebel
1 TL Pfeffer
1 TL Salz
100 ml Mehl
100 ml Brühe

Zubereitung:

Alle Zutaten miteinander vermengen. Mit Hilfe eines Teelöffels zu sehr kleinen Klößchen formen und 5 Minuten lang in leicht gesalzenem Wasser kochen. Anschließend abtropfen lassen.

Tipp: Die Klößchen können bereits am Vortag zubereitet werden.

Scharfe Rindfleischsuppe

Für 4 Personen

Sie benötigen:

25 g Butter
2 grob gehackte Zwiebeln
2-6 gehackte Knoblauchzehen
1-3 gehackte Chilis
250 g Rinderhack
1 l Wasser
1 Würfel Rinderbouillon oder Gemüsebrühe
1 Dose konzentriertes Tomatenpüree
1 Dose Bohnen in Tomate
1 EL Paprika
1 TL grobes Salz
Pfeffer
50-100 g Pasta

Zubereitung:

Zwiebeln, Knoblauch und Chili in der Butter anschwitzen. Das Hackfleisch hinzugeben und gut braten. Wasser, Bouillon, Püree, Bohnen, Paprika, Salz und Pfeffer hinzugeben und zwei Minuten lang kochen lassen. Pasta zugeben und kochen lassen, biss sie bissfest gegart ist. Vor dem Servieren abschmecken.

Provenzalisches Landbrot

Sie benötigen:

50 g Butter
100 ml Milch
100 ml Joghurt
25 g Hefe
1 TL Zucker
1 TL grobes Salz
350 g Weizenmehl
3 TL Kräuter der Provence

Zubereitung:

Die Butter in einem Topf zergehen lassen und Milch dazugeben. In einer Schale mit dem Joghurt und der Hefe verrühren. Zucker, Salz und Kräuter zugeben und das Mehl nach und nach einrühren. Den Teig gründlich kneten und bei Bedarf etwas Mehl zugeben. Den Teig zu einem Brot formen und 30 Minuten lang gehen lassen. Das Brot mit Olivenöl einreiben und bei 225 Grad für 35 Minuten in den Ofen geben. Mit einer Stricknadel prüfen, ob das Brot fertig ist.

Brot mit Text

Kaufen Sie eine kräftige Transparentfolie und schreiben oder drucken Sie den gewünschten Text darauf. Mit einem scharfen Messer ausschneiden.

Pinseln Sie das abgekühlte Brot mit Öl ein. Legen Sie die Schablone auf das Brot und streuseln Sie Kräuter der Provence über die Folie. Auf gleiche Weise können Sie Kuchen mit Puderzucker beschriften.

Landbrot mit Kräutern
der Provence

Bauernbrot mit Knoblauch

Bauernbrot mit Knoblauch

Sie benötigen:

50 g Hefe
100 ml gutes Olivenöl
600 ml fettarme Milch
1 kg Weizenmehl
1 TL Zucker
1 TL Salz
3 fein gehackte Knoblauchzehen
135 g geschmolzene Butter
2 TL Kräuter der Provence
2 EL Oregano

Zubereitung:

Wärmen Sie die Milch leicht an und rühren Sie die Hefe ein. Öl, Butter, Knoblauch und Kräuter zugeben. Mehl, Zucker und Salz vermengen und unter ständigem Rühren mit der Milch vermengen. Den Teig gründlich kneten und 30 Minuten gehen lassen. Anschließend unter Zugabe von etwas Mehl nochmals durchkneten. Den Teig in eine ofenfeste, mit Backpapier ausgelegte runde Schale von ca. 20 cm Durchmesser legen. 30-40 Minuten bei 225 Grad im Ofen backen. Das Brot im Backpapier belassen und mit etwas Spitze oder einem Band zubinden.

Blaubeerkuchen

Sie benötigen:

450 g Mehl
3 TL Backpulver
115 g brauner Zucker
1 TL Vanillezucker
150 g Blaubeeren (TK oder frisch)
2 Eier
250 ml Milch
125 geschmolzene Butter

DEKORATION:

Kakao, Puderzucker und Zuckerperlen

Zubereitung:

Mehl, Backpulver, braunen Zucker und Vanillezucker vermengen. Eier und Milch miteinander verrühren und die Beeren untermischen. Beides mit der zerlassenen Butter zusammengeben und gut verrühren. Den Teig in eine runde Form mit ca. 20 cm Durchmesser geben und 25 Minuten bei 200 Grad im Ofen backen. Den fertigen Kuchen abkühlen lassen und mit einer Mischung aus Puderzucker und Kakao bestreuen. Abschließend die Zuckerperlen darübergeben.

Blaubeerkuchen

FEBRUAR

Ganz langsam kehrt das Licht ZURÜCK, unsere STIMMUNG steigt und allmählich trauen wir uns wieder aus unseren WINTERHÖHLEN heraus. Der Februar ist ein guter Monat, um Freunde zu einem Essen EINZULADEN, vielleicht zur Abwechslung mal zu einem original DÄNISCHEN Smørrebrød? Natürlich mit FRISCHEM Roggenbrot! Etwas Besseres gibt es nicht, finden wir! Ein echtes SMØRREBRØD muss natürlich üppig und raffiniert GARNIERT sein. Das ist gar nicht so schwierig wie es aussieht und macht sogar SPASS, wenn man erst mal den Dreh raushat. Auf dem MITTAGSTISCH ist solch ein Brot ein BEEINDRUCKENDER Anblick, es kann aber auch unseren ganz alltäglichen Brotmahlzeiten den extra PFIFF verleihen. Außerdem in diesem Kapitel: HAUSGEMACHTE Kuchen und INSPIRATION für eine ganz besondere Käseplatte.

Rustikales
Roggenbrot
Unión Postale Un
Carte Pos
Postcard

Roggenbrot mit Sauerteig

Für 2 Brote

Ein echter Sauerteig wird ganz ohne Hefe zubereitet, braucht aber eine lange Vorbereitungszeit. Mit ihm geht das Brot nicht nur wunderbar auf, sondern erhält auch einen charakteristischen Geschmack.

Sauerteig

Sie benötigen:

(Dieses Rezept benötigen Sie nur zur erstmaligen Zubereitung von Sauerteig)

400 ml Roggenmehl
3 dl Buttermilch oder Joghurt
1/2 TL Salz

Zubereitung:

Das Roggenmehl und den Joghurt miteinander verrühren. Salz zugeben: Bei 18-20 Grad für zwei Tage stehen lassen.

1. Tag

Sie benötigen:

250 g Weizenmehl
750 g Roggenmehl
800 ml Wasser
1,5 EL Salz
Den bisherigen Sauerteig

Zubereitung:

Roggenmehl und Weizenmehl miteinander vermengen. Nach und nach Wasser zugeben. Anschließend mit dem Sauerteig und dem Salz verrühren. Den Teig bei 18-20 Grad einen Tag lang aufgehen lassen.

2. Tag

Sie benötigen:

500 ml Weißbier oder Malzbier
100 ml Wasser
1 EL brauner Zucker
50 g Leinsamen
450 g geschroteter Roggen

Zum Einpinseln:
Milch

Zubereitung:

Bier, Wasser, Zucker, Leinsamen und Roggen unter den Teig rühren. Einen Teil des Teigs abstechen, sodass Sie ihn ein anderes mal verwenden können. Der Sauerteig hält sich ca. 14 Tage im Kühlschrank, kann bei Bedarf aber auch eingefroren werden. Den Teig in eingefettete Formen à ca. 1,5 Liter verteilen. Die Formen mit einem sauberen Tuch abdecken und das Brot 6-8 Stunden gehen lassen. Anschließend bei 175 Grad für 1 ½ Stunden backen. Das Brot aus den Formen lösen und mit einem Tuch abdecken. Wenn Sie das Brot bis zum nächsten Tag stehen lassen, lässt es sich besonders gut schneiden.

Smørrebrød

mit Rucola anrichten und das Roastbeef Lage
Remoulade garnieren. Die
auf die andere

Mit Roastbeef

Sie benötigen:

1 Scheibe Roggenbrot, mit Butter bestrichen
Rucola
2-4 Scheiben Roastbeef
Remoulade
Geröstete Zwiebel
Geriebener Meerrettich
Kapern
1 Scheibe Gurke

Zubereitung:

Das Brot mit Rucola anrichten und das Roastbeef Lage für Lage gefaltet drauflegen. Mit Remoulade garnieren. Die gerösteten Zwiebeln auf die eine, das Meerrettich auf die andere Seite auflegen. Mit der Gurkenscheibe abschließen und etwas Kapern darübergeben.

Mit Braten

Sie benötigen:

1 Scheibe Roggenbrot, mit Butter bestrichen
1 Salatblatt
3-4 Scheiben Bratenaufschnitt
Rotkohl
Orange in Scheiben
Eingelegte Gurke
Kresse und Radieschen

Zubereitung:

Das Roggenbrot mit Salat und Aufschnitt anrichten. Den Rotkohl und Gurke in Scheiben drauflegen. Mit Orangenscheiben, Kresse und Radieschen garnieren.

Mit Presswurst

Sie benötigen:

1 Scheibe Roggenbrot, mit Butter bestrichen
1 Salatblatt
4 Scheiben Presswurst
Fleischgallert
Zwiebelringe
Kresse
Radieschen
Gurke in Scheiben

Zubereitung:

Das Brot mit Salat und Wurst anrichten. Eine Scheibe Fleischgallert darauflegen. Mit Zwiebelringen, Kresse, Radieschen und einer Scheine Gurke garnieren.

Marinierter Hering

Sie benötigen:

1 Scheibe Roggenbrot, mit Butter bestrichen
1 Salatblatt
1 marinierter Hering
Currysalat
Zwiebelringe
Kapern
Radieschen
Gurkenscheibe

Zubereitung:

Das Brot mit Salat direkt auf dem Servierteller anrichten. Den Currysalat drauflegen. Den Hering mit einer Schere in kleinere Stücke schneiden und über den Currysalat geben. Mit Zwiebelringen, Kresse, Gurke, Kapern und Radieschen in Scheiben garnieren.

Fischfilet

Sie benötigen:

1 Scheibe Roggenbrot, mit Butter bestrichen
1 paniertes Fischfilet
Remoulade
Krabben
Zitronenscheiben
Gurkenscheiben
Kaviar, Kresse, Dill, Tomatenscheiben

Zubereitung:

Den Fisch braten und abkühlen lassen. Mit einem Salatblatt auf dem Brot anrichten. Mit Remoulade, Krabben, einer Zitronen- und einer Gurkenscheibe, Kaviar, Kresse und einer halben Tomatenscheibe garnieren.

Rinderbrust

Sie benötigen:

1 Scheibe Roggenbrot, mit Butter bestrichen
Rucola
3-4 Scheiben Rinderbrust
1 EL Meerrettichsalat
Frisch geriebener Meerrettich
Gurkenscheibe
Kresse und Radieschenscheiben

Zubereitung:

Etwas Rucola auf dem Brot anrichten. Die Rinderbrust falten und auf den Salat legen. Meerrettichsalat und Meerrettich dazugeben. Mit Radieschenscheiben, Kresse und eventuell einem kleinen Veilchen garnieren. Wir traditionell auch gerne mit Pickles gereicht.

Leberpastete

Sie benötigen:

1 Scheibe Roggenbrot, mit Butter bestrichen
2 Scheiben Leberpastete
Bacon
Champignons
Rote Bete in Würfeln
Kresse und Kapern

Zubereitung:

Den Bacon in der Pfanne knusprig braten und auf Küchenpapier abtropfen lassen. Die ganzen Champignons im Baconfett braten und abkühlen lassen. Das Brot mit dem Salat und den beiden Pastetenscheiben anrichten. Mit Champignons und Bacon garnieren. Etwas Rote Bete, Kresse und Kapern darübergeben.

Eier und Krabben

Sie benötigen:

1 Scheibe Roggenbrot, mit Butter bestrichen
1 Salatblatt
1 Ei
Ca. 50 g Krabben
1 EL Mayonnaise
2 Spargel
Zitronenscheiben
Gurkenscheiben
Kaviar, Kresse und Tomatenscheiben

Zubereitung:

Das Ei Kochen und mit einer Eierharfe schneiden. Salat auf das Brot legen und die Eierscheiben darauf auffächern. Mayonnaise mittig auf das Brot geben und die Krabben drüberlegen. Mit dem Spargel, Zitrone, Gurke, Kaviar, Kresse und einer Tomatenscheibe abschließen.

Windbeutel

Sie benötigen:

200 ml Wasser
100 g Margarine oder Butter
100 g Mehl
4 Eier

Zubereitung:

Zerlassen Sie die Butter und rühren Sie kräftig das Mehl ein, bis der Teig sich vom Boden löst. Etwas abkühlen lassen und Eier einzeln dazugeben. Jeweils ordentlichen verrühren, bevor Sie das nächste Ei dazugeben. Den Teig auf Backpapier setzen, ggf. mit einem Spritzbeutel oder auch mit Hilfe von zwei Löffeln. Wir haben uns für kleine runde und rechteckige Windbeutel entschieden.

Bei 200 Grad gut 30 Minuten backen. Die ersten 25 Minuten nicht die Ofentür öffnen, da die Windbeutel sonst in sich zusammenfallen können.

Eclairs

Die französische Variante des Windbeutels: markant durch seine längliche Form und die Vanillefüllung, die man Creme Anglaise nennt.

Zubereitung:

Die Windbeutel in der Mitte zerteilen und mit Tortencreme füllen. Hier kann man es sich einfach machen und eine Fertigcreme aus Pulver verwenden. Wir haben der Creme etwas extra Luftigkeit verliehen, indem wir geschlagene Schlagsahne untergehoben haben. Das Ergebnis ist himmlisch! Das Ganze noch mit etwas Schokoladenglasur und Schokoladenraspel garnieren.

Profiteroles

Die kleinen, runden Windbeutel werden auf Französisch Profiteroles genannt.

In der Mitte zerteilen. Mit Himbeercreme füllen und mit Himbeerglasur dekorieren. Lonnies Tochter, Mille, hat sie Himbeerhappen getauft.

Sie benötigen:

1/4 l Schlagsahne
100 g gefrorene Himbeeren
1 EL Zucker
Puderzucker

Zubereitung:

Die Himbeeren auftauen und mit einer Gabel zu einem Mousse zerdrücken. Den Saft für die Glasur abgießen. Die Sahne schlagen und Zucker und Himbeermousse einrühren. Die Creme auf die Windbeutel verteilen und auf eine Servierplatte legen. Puderzucker mit Himbeersaft zu einer Glasur verrühren. Die Glasur in eine kleine Tüte mit einem winzigen Loch füllen. Mit diesem selbstgebastelten Spritzbeutel das Gebäck nach Lust und Laune verzieren.

Salat mit Ziegenkäse

Für 4 Personen

Sie benötigen:

Zutaten für die Vinaigrette:
1 reife Birne, 1 Schalotte, 1 EL Dijonsenf, 1/4 Tasse Sherryessig, 3/4 Tasse Olivenöl oder Traubenkernöl, Salz und Pfeffer

Zutaten für den Salat:

1 Kopfsalat, 1 Packung junger Spinat, 2 reife Birnen, 100 g französischer Ziegenkäse, 1/4 Tasse geröstete Mandeln

Zubereitung:

Birne und Zwiebel in einen Mixer geben. Senf, Essig und Öl in einem dünnen Strahl zugeben, während der Mixer weiterläuft. Mit Salz und Pfeffer abschmecken. Den mundgerecht geteilten Salat, die Spinatblätter und Birnenscheiben mit dem Dressing übergießen. Den Ziegenkäse in kleinen Stücken und die Mandeln darübergeben.

Birnendessert

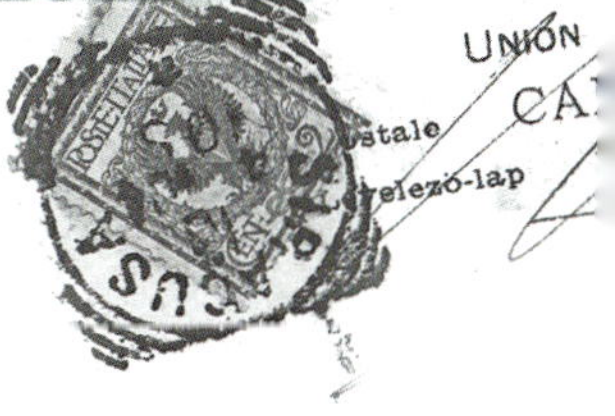

Für 4 Personen

Sie benötigen:

8 Vollkornkekse, 2 TL Zimt, 3 große Birnen, 1/2 Tasse Amaretto, 2 TL frisch gepresster Orangensaft, 1 TL geriebene Orangenschalen, 6 EL zerkrümelter Ziegenkäse, geröstete Pecannüsse

Zubereitung:

Kekse und Zimt in eine Tüte legen und mit einer Küchenrolle zerdrücken. 2 EL von den Krümeln zur Seite legen. Die Birnen längs halbieren und das Kerngehäuse herausschneiden. Jeweils 2 TL vom Birnenfleisch herausnehmen und fein hacken. Kekskrümel, Amaretto und Orangenschale dazugeben und alles umrühren. Die Birnen in eine für die Mikrowelle geeignete Schale legen. Die Füllung verteilen und die Schale abdecken. 4-5 Minuten bei voller Stärke in die Mikrowelle stellen. Danach über jede Birne 1 EL Käse geben. Abdecken und 2 Minuten stehen lassen. Restliche Krümel und die Nüsse drübergeben. Mit etwas Saft vom Boden der Schale servieren.

längs halbieren und
Birnenfleisch
jeweils 2 EL vom
Amaretto und Orangenschale
Keksrümel,

MÄRZ

Madame Denis

Ostern fällt meistens in den MÄRZ. Eine willkommene Ansammlung von FEIERTAGEN, an denen man zuhause RICHTIG viel tun kann... aber auch eine gute Gelegenheit, um Zeit GEMEINSAM mit Familie und Freunden zu verbringen oder vielleicht auch mal seinem oder seiner LIEBSTEN einen BRUNCH zu servieren. Natürlich dürfen auch nicht ein paar Tipps für selbst gemachte OSTEREIER fehlen. Eine tolle BESCHÄFTIGUNG, die man vielleicht sogar zu einer TRADITION der FAMILIE ausbauen kann? Die Meisten von uns haben sicherlich auch das eine oder andere Ei "verloren" und ziehen mit einem SCHWARM an Kindern durch die Natur, um die vom Osterhasen hinterlassenen Schätze zu bergen. Schön, wenn man hierzu DELIKATE Eier aus HOCHWERTIGEN Zutaten servieren kann.

Marzipaneier mit Schokoladenüberzug sind eine vorzügliche Süßigkeit, wenn sie aus guten Zutaten hergestellt sind. Die Zubereitung hingegen ist einfach: Leicht abgeflachte Marzipankugeln formen. Schokolade mit einem Schuss Sahne im Wasserbad schmelzen. Die Kugeln in der Schokolade wenden und auf einem Stück Backpapier trocknen lassen. Eventuell mit einem Muster aus weißer Schokolade dekorieren. Wir haben uns für französische Lilien entschieden.

Schokoladen-Ostereier

Whisky-Trüffeleier

Sie benötigen:

150 ml Sahne
150 g dunkle Schokolade 70%
25 g Butter
Whisky
Kakaopulver

Zubereitung:

Die Sahne aufkochen und in einer Schale so lange mit der Schokolade verrühren, bis diese komplett aufgelöst ist. Während die Masse noch warm ist, Butter und Whisky hinzugeben. In den Kühlschrank stellen, bis die Masse fest ist. Zu kleinen Trüffeln rollen und in geschmolzener Schokolade und anschließend in Kakaopulver wenden.

Brownies

Sie benötigen:

100 g Walnüsse
4 Eier
300 g Zucker
140 g ungesalzene Butter
Eine halbe Vanilleschote
140 g Weizenmehl
75 g ungesüßtes Kakaopulver
100 g Schokolade

Zubereitung:

Den Ofen auf 170 Grad vorheizen, bei Umluft auf 155 Grad. Die Walnüsse zehn Minuten rösten, bis sie eine goldene Farbe annehmen. Abkühlen lassen. Die Eier schaumig schlagen. Zucker und Vanillekörner zugeben und weitere 1–2 Minuten rühren. Die geschmolzene Butter in einem dünnen Strahl hinzugeben und dabei kräftig weiterschlagen. Mehl und Kakao durch ein Sieb in den Teig geben und verrühren. Den Teig in eine mit Backpapier ausgelegte Browniefom umfüllen und 25 Minuten in den Ofen geben. Abkühlen lassen und in Rechtecke schneiden.

Osterbüffet

Das Osterfest lädt als verlängertes Wochenende auch zum gemütlichen Beisammensein ein. Laden Sie Freunde oder Familie zu einem entspannten Osterbrunch ein. Konzentrieren Sie sich auf hochwertige Zutaten, die Sie sehr einfach zu einem ansehnlichen Büffet verarbeiten können. Die Rezepte dazu verraten wir Ihnen hier. Guten Appetit!

Parmaschinken mit Ei

Für 8 Stück

Dieser „Eierkorb" macht sich besonders dekorativ auf dem Ostertisch.

Sie benötigen:

8 Scheiben Parmaschinken
Etwas Öl
8 Eier
2 Tomaten
Schnittlauch
Salz und Pfeffer

Zubereitung:

Den Ofen auf 225 Grad vorheizen. Muffinsförmchen mit Öl auspinseln, anschließend Wände und Boden mit je einer Scheibe Parmaschinken bedecken. Eine Tomatenscheibe auf die Böden legen. Die Eier leicht verrühren, mit Salz und Pfeffer abschmecken und die Formen gleichmäßig füllen. Alternativ können Sie auch je ein Ei in jede Form schlagen. Die Muffinsförmchen für 15 Minuten in den Ofen geben, bis die Eiermasse gegart ist und eine goldene Farbe angenommen hat. Mit Schnittlauch garnieren.

Bagels mit Räucherlachs

Für 4 Personen

Sie benötigen:

4–6 Bagels
6–8 Scheiben Lachs
1 Packung Frischkäse
1/4 Eisbergsalat
1 rote Zwiebel
Schnittlauch

Zubereitung:

Wenn Sie üblicherweise Ihren Lachs im Supermarkt kaufen, sollten Sie es mal mit einem Räucherlachs vom Fischhändler versuchen. Der Geschmacksunterschied ist frappierend. Halbieren Sie die Bagels und bestreichen Sie die Hälften mit einer großzügigen Schicht Frischkäse. Danach den Lachs darauflegen. Mit etwas fein geschnittenem Salat, Schnittlauch und ein paar Ringen Zwiebel belegen. Herrlich!

Selbstgemachtes Müsli

Ein ganz besonders leckeres und knuspriges Erlebnis.

Sie benötigen:

400 g Haferflocken
150 g Honig
50 g Butter
Aprikosen
Rosinen
100 g Nüsse
100 g Sonnenblumenkerne

Zubereitung:

Die Butter in einer Pfanne zerlassen und den Honig zugeben. Aprikosen, Rosinen und Nüsse grob hacken. Haferflocken und Sonnenblumenkerne zugeben und bei mittlerer Wärme rösten, bis das Müsli eine goldene Farbe annimmt. Dabei die ganze Zeit gründlich rühren. Servieren Sie das Müsli in Lagen mit griechischem Joghurt, der mit etwas Rohrzucker und Vanille verrührt wurde.

Eierförmige Semmeln

12-15 Stück

Sie benötigen:

50 g Hefe
500 ml warmes Wasser
125 g zerlassene Butter
150 ml kaltes Wasser
1,5 TL Salz
1-2 TL Zucker
500 g Mehl
1-2 Eier
Zum Bestreichen: 1 weiteres Ei

Zubereitung:

Den Ofen auf 225 Grad vorheizen. Die Hefe im warmen Wasser verrühren. Die zerlassene Butter mit dem kalten Wasser verrühren und in das Hefewasser umfüllen. Die übrigen Zutaten hinzugeben. Den Teig gründlich kneten und in 12-15 Stücke teilen. 15 Minuten gehen lassen und anschließend mit Ei bestreichen. Backzeit: 15 Minuten.

TIPP: Die Semmeln sehen besonders österlich aus, wenn Sie ihnen eine Eierform verpassen. Nach dem Backen und Abkühlen mit einem Spitzenbändchen schmücken.

Salat mit Räucheraal und lächelnden Eiern

Für 4 Personen

Sie benötigen:

1 Paket Räucheraal
4 Eier
1/2 geschälte Gurke
1 Bund Radieschen
Verschiedene Salate

Zubereitung:

Den Aal in passende Stücke schneiden. Die Eier 6 Minuten kochen, abschrecken, pellen und halbieren. Die Gurke halbieren, die Kerne entfernen und in Scheiben schneiden. Den Salat in mundgerechte Stücke zerkleinern und auf einer großen Platte verteilen. Gurkenscheiben, geviertelte Radieschen, den Räucheraal und die Eierhälften verteilen.

Senfdressing

Für 4 Personen

Sie benötigen:

1 Eigelb
1/4 TL Dijonsenf
1/2 TL grobkörniger Senf
1 EL Zitronensaft
2 EL Öl
Salz und Pfeffer

Zubereitung:

Alle Zutaten miteinander verrühren und mit Salz und Pfeffer abschmecken. Das Dressing über den Räucheraal geben. Dazu grobes Roggenbrot servieren.

Quiche

Zutaten für den Mürbeteig:

100 g grobes Weizenmehl, 100 g Weizenmehl, 50 g weiche Butter, 2 EL Wasser

Zubereitung:

Mehl, Butter und Wasser zu einem Teig vermengen. 1/2 Stunde im Kühlschrank ruhen lassen. Danach den Teig ausrollen und die Quicheform damit auslegen. Mit einer Gabel einstechen und 15 Minuten bei 200 Grad vorbacken.

Zutaten für die Füllung:

6 Eier, 1 EL Creme Fraiche, 50 g geriebener Parmesan ergeben ca. 400 ml Füllung. Dazu passen z. B. 1/2 Broccoli und 1 Packung Bacon.

Zubereitung:

Bacon kross braten. Eier, Creme Fraiche und Parmesan schaumig schlagen. Broccoliröschen und Bacon in die Quicheform geben und Füllung hinzugeben. Bei 180 Grad für 30-40 Minuten in den Ofen stellen, bis die Füllung fest ist und eine goldene Farbe annimmt.

Eiersalat

Für 4 Personen

Sie benötigen:

3 Eier
5 EL Mayonnaise
1/2 TL Curry
Salz und Pfeffer

Zubereitung:

Die Eier hartkochen, pellen und im Eierschneider in zwei Richtungen schneiden. Mayonnaise und Curry in einer kleinen Schale vermengen. Mit Salz und Pfeffer abschmecken und die Eier vorsichtig unterrühren.

Rosmarinkartoffeln

Für 4 Personen

12-16 Kartoffeln gründlich waschen, sodass sie nicht geschält werden müssen. In Wedges schneiden und mit etwas gutem Olivenöl in eine ofenfeste Form geben. Grobes Meersalz und gehacktes, frisches Rosmarin darüberstreuen. Für 30 Minuten bei 200 Grad in den Ofen geben.

Rosmarinhähnchen

Hähnchenbrustfilets für einige Stunden in Rosmarinmarinade von Jeanne d'Arc einlegen. Anschließend in der Pfanne braten und zügig servieren.

Hausgemachte Whiskysauce

Sie benötigen:

1 Flasche Kraft Barbecuesauce
500 ml Schlagsahne
1/2 TL Curry
1 TL Paprika
1 TL Pfeffer
1 TL frisches, fein gehacktes Rosmarin
200 ml Rinderbouillon
1 EL Whisky

Zubereitung:

Barbecuesauce und Sahne in einen Topf geben und aufkochen. Die Kräuter in etwas Wasser legen und einrühren. Die Sauce bei niedriger Hitze ein paar Minuten köcheln lassen und den Whisky dazugeben.

Porreequiche
mit Kräutern der Provence

Sie benötigen:
8 Eier
200 ml Creme Fraiche
100 ml Mehl
100 ml Öl
1 Handvoll frisch gehackte Kräuter der Provence

FÜLLUNG:
2 fein geschnittene Porrees
100 g Schinken in Würfeln
Geriebener Käse zum Darübergeben

Zubereitung:
Die Eier mit einem Handmixer schaumig schlagen. Creme Fraiche, Mehl und Öl einrühren. Mit grobem Meersalz und den Kräutern würzen. Die Füllung in die Eiermasse geben und alles in eine eingefettete Quicheform füllen. Den Käse darüberstreuen. 40 Minuten bei 180 Grad in den Ofen geben.

Kräuterbutter
mit Kräutern der Provence

Sie benötigen:
100 ml frische Kräuter der Provence
100 g Butter
1 Knoblauchzehe

Zubereitung:
Den Knoblauch fein hacken und mit den Kräutern mischen. Mit Hilfe einer Gabel mit der Butter vermengen.

APRIL

Nun ist die Zeit des JAHRES gekommen, in der wir die ersten ZARTEN Frühlingsgewächse in der NATUR finden können. Auf den Spaziergängen durch den WALD erleben Sie den besonderen DUFT des ersten BÄRLAUCHS, der aus der Erde herauslugt. Sein Geschmack ist HERAUSRAGEND gut. Also: Nutzen Sie die Gelegenheit und SAMMELN Sie! Auch der erste Spargel beginnt nun zu sprießen. Viele der GEMÜSEARTEN, die auf unseren Breitegraden WACHSEN, sind auf NATÜRLICHE Weise nur für kurze Zeit verfügbar. Deshalb GENIESSEN wir sie umso mehr. April ist auch der Monat, in dem man seinen HAUSGEMACHTEN Essig für die LECKEREN Sommersalate ansetzen sollte.

 43

Spargelzeit

Endlich ist Spargelzeit! Der Spargel ist eines der ältesten Gemüse, die man kennt – und eine der größten Delikatessen des Frühjahres.

Es ist fantastisch mitzuerleben, wie die kleinen Köpfe aus dem Boden hervorkommen. Seinen eigenen Spargel zu ernten und frisch zu verspeisen ist ein wunderbares Erlebnis... Zu dieser Jahreszeit bekommen Sie aber auch in weiten Teilen Deutschlands wunderbaren frischen Spargel beim Händler – immer häufiger auch den feinen, grünen Spargel, den wir in Dänemark auch sehr gerne essen. Viel Vergnügen mit diesen leckeren und leichten Frühlingsgerichten!

Weißer Spargel mit Sauce Mousseline

Für 4 Personen als Vorspeise

Sie benötigen:

12 Stangen weißer Spargel
200 g frische Krabben
2 Eigelbe
10 ml Weißwein
200 g Butter
100 ml Schlagsahne
Salz und Pfeffer
Etwas Dill
2 Platten TK-Blätterteig

Zubereitung:

Den Ofen auf 220 Grad vorheizen. Den Blätterteig in ca. 4 cm große Stücke schneiden und ca. 15 Minuten lang backen, bis sie eine goldene Farbe annehmen. Währenddessen den Spargel und die Sauce zubereiten: Den Spargel schälen und in leicht gesalzenem Wasser 4-5 Minuten lang kochen. Von der Platte nehmen, aber im Kochwasser stehen lassen, während Sie die Sauce zubereiten. Hierfür die Eigelbe bei niedriger Hitze in einen Topf geben und zügig den Weißwein hinzugeben. Das Ei schlagen, bis es eine cremige Konsistenz annimmt. Nach und nach die Butter einrühren. Dabei darauf achten, dass die Sauce nicht zu dick wird. Sollte dies dennoch passieren, können Sie etwas Weißwein hinzugeben. Zum Schluss die Schlagsahne leicht schlagen und in die Sauce geben. Mit Salz und Pfeffer abschmecken. Den gekochten Spargel mit ein wenig Sauce und den Krabben anrichten. Mit einem Zweig Dill und den warmen Blätterteigschnittchen servieren. Etwas Sauce und Blätterteigschnitten zum Selbstbedienen auf den Tisch stellen. Dazu passt hervorragend ein gut gekühltes Glas Weißwein.

APRIL

"Stjerneskud" mit frischem, gedämpftem Spargel

Die Königin auf dem Smørrebrød-Büffet - für 4 Personen

Sie benötigen:

8 kleine Schollenfilets
Roggenmehl
Öl
4 Scheiben Weißbrot
1 Handvoll frische Krabben
(ggf. andere Schalentiere)
Etwas Dill
2 Handvoll frischer, grüner Spargel

DRESSING:

Sie benötigen:

50 ml gute Mayonnaise
50 ml Creme Fraiche
2 EL Ketchup
Etwas fein geriebene rote Zwiebel
1/2 TL Zitronensaft
Salz und Pfeffer

Zubereitung:

Die Zutaten für den Dressing vermengen, abschmecken und kühlstellen. Etwas leicht gesalzenes Wasser in einem Topf erhitzen. Vier Fischfilets rollen und leicht dämpfen, bis sie die Farbe ändern. Herausnehmen und abkühlen lassen. Die anderen vier Filets im Roggenmehl wenden und mit Öl in der Pfanne braten. Ebenfalls abkühlen lassen. Den Spargel dämpfen und abkühlen lassen. Das Brot toasten und auf vier Teller legen und mit dem Spargel bedecken. Darauf jeweils ein gebratenes und ein gedämpftes Filetstück legen und mit Dressing, Krabben und Dill garnieren.

Salat mit frischem Spargel

Für 4 Personen als Vorspeise oder als Beilage

Sie benötigen:

Frischer, knackiger Salat
2 Handvoll frischer Spargel
50–100 g Ziegenkäse
100 g frische Himbeeren
Ein paar EL geröstete, gesalzene Kürbiskerne

Zubereitung:

Den Salat gut spülen und schleudern. Den Spargel spülen und abknicken. Den Ziegenkäse in sehr dünne Scheiben schneiden. Das geht am besten mit einem Kartoffelschäler. Die Himbeeren gründlich spülen. Alle Zutaten auf einer Platte anrichten und mit Kürbiskernen garnieren.

Gratinierter Spargel

Als Beilage für 4 Personen

Sie benötigen:

- 1 Handvoll grüner Spargel
- 50 g frisch geriebener Parmesan
- 1 EL Zitronensaft
- 1 EL gutes Öl
- Grobes Salz

Zubereitung:

Den Spargel spülen und abknicken. Einige Minuten in leicht gesalzenem Wasser dämpfen. In eine ofenfeste Form geben. Mit Zitronensaft und Öl bepinseln. Anschließend den Parmesan darübergeben und 5 Minuten bei 220 Grad backen.

Spargelsuppe

Für 4 Personen

Sie benötigen:

1 Handvoll weißer Spargel
1 Handvoll grüner Spargel
4 Kartoffeln
Bouillon
1/4 l Sahne

Zubereitung:

Den weißen Spargel schälen und das untere Ende abschneiden. Die Schale in einen Topf mit Wasser geben und 20 Minuten lang kochen. Danach die Schalen aus dem Kochwasser heben und die in mundgerechte Stücke geschnittenen weißen Spargel und Kartoffeln gemeinsam mit dem Bouillon in den Topf geben. Nach 1/2 Stunden sind Spargel und Kartoffeln gar genug, um mit einem Mixer verarbeitet zu werden, bis sich eine homogene Suppe ergibt. Die Suppe nochmals aufkochen lassen, danach die gespülten, in mundgerechte Stücke zerkleinerten grünen Spargelstangen dazugeben und eine Minute lang kochen lassen. Sahne hinzugeben und mit Salz und Pfeffer abschmecken.

Gebratener Spargel

Als Beilage für 4 Personen oder als Lunch für 2.

Sie benötigen:

Ein Bund frischer Spargel
8 Scheiben Bacon
1 EL Öl
Frisch geriebener Parmesan
Salz und Pfeffer

Zubereitung:

Je 2-3 Stangen Spargel mit Bacon umwickeln. In einer Pfanne mit Öl braten. Würzen und mit frisch geriebenem Parmesan und einem Stück frischen Brot servieren.

TIPP: Spargel - egal ob grün oder weiß - schmeckt auch hervorragend vom Grill, mit oder ohne Bacon. Einfach mit etwas Öl bestreichen und einige wenige Minuten auf den Grill legen.

APRIL

Carpaccio

Für 4 Personen

Sie benötigen:

100 g Rucola
300 g Kalbsfilet in papierdünnen Scheiben
2 Artischockenherzen
2 EL Olivenöl, 1 EL Balsamico
Gehobelter Parmesan

Zubereitung:

Den Rucola auf einer Platte anrichten und die Kalbsfiletscheiben verteilen. Die Artischockenherzen in Scheiben schneiden und ebenfalls verteilen. Den Parmesan über dem Salat hobeln. Direkt vor dem Servieren ein paar Tropfen Olivenöl und Balsamico darübergeben. Servieren Sie Carpaccio immer in Zimmertemperatur – so schmeckt es am besten!

DRESSING:

Bereiten Sie Ihre eigene Essig- und Ölmarinade zu: Mixen Sie hierzu ein Anteil Öl mit einem halben Anteil Essig, etwas Zitronensaft, Salz und Pfeffer. Das universale Dressing für alle mediterranen Salate.

Französischer Kartoffelsalat

Als Beilage für 4 Personen oder zum Lunch für 2.

Sie benötigen:

500 g neue Kartoffeln, 1 Bund Spargel, 1 rote Peperoni, 1 Gemüsezwiebel, 1 Glas Kapern, 1/2 Kopfsalat oder Rucola

DRESSING:

2 EL Olivenöl, 1 EL Balsamico, 1 TL starker Dijonsenf, 1 TL Honig, 1 Knoblauchzehe, 1 Msp Ingwer, etwas Zitrone

Zubereitung:

Die Kartoffeln ungeschält kochen. Danach abkühlen lassen und in mundgerechte Stücke schneiden. Das übriges Gemüse und den Salat in kleinere Stücke schneiden. Alles vermengen und das Dressing darübergeben.

In Dänemark sagen wir:

„Essig wie ein Geizhals, Öl wie ein Verschwender"

– eine gute Faustregel für die Zubereitung von Dressings mit Essig!

Salsa

Als Beilage für 4 Personen

Sie benötigen:

1 fein gewürfelte Avocado
2 fein gewürfelte Tomaten
1 fein gewürfelte Gemüsezwiebel

Zubereitung:

Sie können diese Salsa fast unendlich variieren, je nachdem, welche Zutaten Ihnen gerade zur Verfügung stehen. Hervorragend passen auch rote Zwiebeln, Radieschen oder Peperoni.

DRESSING:

2 EL Olivenöl, 1 TL Weißweinessig, Salz und Pfeffer
Frisches Basilikum

Kartoffeln mit Bärlauchpesto

Ein himmlischer Genuss

Gekochte neue Kartoffeln, direkt vor dem Servieren in Bärlauchpesto gewendet. Geht es leckerer? Wir glauben nicht - und verraten Ihnen unser Pesto-Rezept auf den nächsten Seiten.

Susannes Salat

Als Beilage für 4 Personen

Sie benötigen:

Ein paar Handvoll gemischte Babysalate
Weintrauben
1 geschälte und entkerne Gurke
2 EL geröstete Pinienkerne
Feta in Würfeln

Marinierter Hähnchensalat

Als Beilage für 4 Personen

Sie benötigen:

400 g Spiralnudeln
150 g gewürfelter Bacon
150 g Brathähnchen
1/2 Salat
3 Frühlingszwiebeln
25 ml Olivenöl
4 EL Weißweinessig

Zubereitung:

Die Nudeln kochen und abkühlen lassen. Den Bacon in einer Pfanne kross braten. Das Brathähnchen in mundgerechte Stücke teilen. Salat und Frühlingszwiebeln fein schneiden und alle Zutaten in einer Schale vermengen. Ein Dressing aus Öl, Essig und Kräutern, eventuell abgeschmeckt mit einer Prise Zucker zubereiten. Den Salat im Dressing wenden.

APRIL

Bärlauchpesto

Sie benötigen:

50 g geriebener Parmesan
5 EL gehackter Bärlauch
50 g Mandeln
50 ml gutes Olivenöl
Meersalz

Zubereitung:

Alle Zutaten zu einem groben Pesto mixen. Passt fantastisch zu Pasta, Kartoffeln oder Brathähnchen.

Käsedip mit Bärlauch

Sie benötigen:

100 g Frischkäse
100 ml leichte Creme Fraiche
1 Handvoll Bärlauch
Etwas Salz, Pfeffer und Zitronensaft

Zubereitung:

Frischkäse und Creme Fraiche miteinander vermengen. Die Bärlauchblätter hacken und unterrühren. Mit Salz, Pfeffer und Zitronensaft abschmecken. Der Dip sollte vor dem Servieren eine halbe Stunde lang ziehen. Ideal zu neuen Kartoffeln und Pasta – oder zu Crackern.

MAI

Der erste RHABARBER ist immer der beste. Wie bei vielen anderen Gemüsen ist der GESCHMACK gerade nun zum FRÜHSOMMER ganz besonders intensiv. Für uns ist dieser besondere Rhabarbergeschmack einer der schönsten Vorboten des SOMMERS. Beim Essen geht es allerdings um mehr als nur um den Geschmack. Alle unsere SINNE werden aktiviert. Und diese Sinne setzen wiederum unsere ERINNERUNGEN in Gang. Manchmal braucht es dazu nur den Namen eines Gerichts: so wie SAHNEROLLE... und sofort denkt man an ruhigen SONNTAGEN bei der Großmutter, an den zarten Teig, an die Sahne und die süße Marmelade, an BLAUES PORZELLAN. Fast jeder von uns kann solche KINDHEITSERINNERUNGEN abrufen und sich an ihnen erfreuen. Ich selbst kann förmlich die Wärme solcher Nachmittage auf OMAS Terrasse im Schatten des SONNENSCHIRMS spüren.

Frühstück mit frischem Melonensaft

Starten Sie in den Tag mit einem Glas frischen Melonensaft! Schneiden Sie hierfür eine Wassermelone in kleine Stücke und entfernen Sie alle Kerne. Das Melonenfleisch in einer Küchenmaschine zu einem feinen Saft verarbeiten. Eiswürfel dazugeben oder eine halbe Stunde in den Kühlschrank stellen. Kann mit vielen anderen Früchten gemischt werden. Wir haben hier ein kleines Frühstückstablett mit Melonensaft, einem gekochten Ei, Aprikosen und grobem Brot mit etwas Schimmelkäse und frischen Erdbeeren zusammengestellt. Eine herrliche Mahlzeit, ganz besonders an einem Frühsommermorgen im Schatten eines Baums.

Bruschetta

Für 4 Personen

Bruschetta kommt aus Norditalien und ist die perfekte Vorspeise für die Sommerzeit.

Sie benötigen:

1/2 italienisches Brot
500 g Tomaten
1 kleine rote Zwiebel
1 EL kaltgepresstes Olivenöl
1 Knoblauchzehe
Eventuell Basilikum

Zubereitung:

Den Ofen auf 220 Grad vorheizen. Das Brot in 1 cm dicke Scheiben schneiden. Die Tomaten, die Zwiebel und das Knoblauch in kleine Würfel schneiden und mit etwas Olivenöl in einer Schale vermengen. Mit Salz und Pfeffer abschmecken. Jeweils 1 EL auf jedes Brot geben und 5 Minuten lang in den Ofen stellen. Lauwarm servieren, gerne mit etwas frischem Basilikum.

Salat mit Melone

Für 4 Personen

Sie benötigen:

200 g zarte Salatblätter
100 g frischer Feta
100 g Melone
1 rote Zwiebel
2 EL geröstete Pinienkerne

DRESSING:

1 EL Balsamico
2 EL Öl
Salz, Pfeffer und Zitrone

Zubereitung:

Den Salat spülen und schleudern. Mit Hilfe eines Melonenlöffels kleine Kugeln aus der Melone schneiden. Den Feta in mundgerechte Stücke teilen. Die Zwiebel in Ringe schneiden. Alles mischen und die Pinienkerne darübergeben. Balsamico, Öl, Zitronensaft und Kräuter zu einem Dressing mischen.

Melonenbowle ohne Alkohol

Herrlich erfrischend an einem warmen Sommertag
Für 6-8 Personen

Sie benötigen:

1 große Wassermelone
100 g Honigmelone
100 g Erdbeeren
Mineralwasser

Zubereitung:

Die Melone am oberen Ende aufschneiden und aushöhlen. Das Fruchtfleisch in kleine Stücke schneiden und die Kerne entfernen. Anschließend in der Küchenmaschine fein pürieren und in die Melonenschale zurückfüllen. Erdbeeren in Scheiben und Honigmelone in Kügelchen dazugeben. Mit Mineralwasser auffüllen.

Tapas mit Melone

Für 4 Personen

Sie benötigen:

8 Scheiben Parmaschinken
200 g Feta oder wahlweise anderen Käse, z. B. gut gelagerten Gouda
400 g gemischte Melonen, gerne mind. 2 Sorten
100 g große Oliven, gerne mit Mandel

Zubereitung:

Den Parmaschinken zu kleinen "Blumen" rollen. Die Melonen in kleine Stücke schneiden oder mit einem Melonenlöffel Kugeln formen. Auch den Käse zu Kugeln oder Würfeln schneiden. Schinken, Melone, Käse und Oliven auf einer Platte anrichten und bei Bedarf mit Basilikum garnieren.

Mojito

Sie benötigen:

2 cl weißen Rum
1 Limettenviertel
2 Minzeblätter
1/2 TL Rohrzucker
Mineralwasser
3-4 gefrorene Melonenkugeln

Zubereitung:

Minzeblätter, Limettenviertel und Zucker in einem Glas mit einem Mörser zerdrücken. Die Melonenkugeln und den Rum dazugeben und mit Mineralwasser auffüllen. Sehr nett sieht es auch aus, wenn Sie anstelle des Mineralwassers etwas Pink Grape oder eine ähnliche Limonade hinzugeben.

Sie benötigen:

150 ml Dickmilch oder Joghurt
1 Vanilleschote
2 EL Rohrzucker
250 g Melone, gerne gemischt
250 g frische Erdbeeren
4 frische Feigen
1 EL Zitronensaft
1,5 EL Rohrzucker
Zitronenmelisse oder Minze

Zubereitung:

Den Joghurt in einem Kaffefilter abtropfen lassen. Die Melone in Würfel schneiden oder mit einem Melonenlöffel zu Kugeln formen. Die Melone mit Erdbeeren und Feigen in eine Schale geben. Etwas Zitronensaft mit Zucker verrühren und darüberträufeln. Eine Weile ziehen lassen. Anschließend den Joghurt mit Zucker und Vanillekörnern vermengen und dazu servieren.

Erdbeer-Melonen-Dessert

Für 4 Personen

Rhabarbersaft

Sie benötigen:

2 kg Rhabarber
250 ml Wasser
Zu je 1 l Saft 500 g Zucker dazugeben

Zubereitung:

Den Rhabarber putzen und in kleine Stücke schneiden. Im Wasser langsam zum Kochen bringen. Bei niedriger Stufe weiter köcheln lassen. Anschließend den weichen Rhabarber in einem Tuch auspressen und den Saft zusammen mit dem Zucker aufkochen. Den Saft in gut gespülte Flaschen füllen und dicht verschließen. Der Saft hält bis zu 3 Monate, in Kunststoffflaschen im Tiefkühlfach sogar bis zu einem halben Jahr.

Rhabarberkompott

Sie benötigen:

1 kg Rhabarber
500 g Zucker
Körner von 1 Vanilleschote
Etwas Maismehl

Zubereitung:

Den Rhabarber putzen und in 1–2 cm breite Stücke schneiden. Den Zucker mit den Vanillekörnern vermischen. Rhabarber und Vanillezucker Lage auf Lage wechselnd in eine feuerfeste Form legen. Eine Stunde lang bei 220 Grad in den Ofen geben. Wenn der Rhabarber gar ist, wieder aus dem Ofen nehmen und mit etwas Maismehl durchrühren. Lauwarm mit etwas Sahne, einer Creme oder Vanilleeis servieren. Das Kompott kann auch gut in Einmachgläsern aufbewahrt werden – als schnelles Dessert oder als Beilage zum Fleisch.

Sie mehr Rhabarber ernten als Sie benötigen, können Sie ihn einfr
in passende Stücke schneiden und in Tüten einfrieren. So können
vorgestellten Rezepte das ganze Jahr über kochen und sich auch
einen Hauch von Sommer auf den Mittagstisch zaubern.

Tipps:
Wenn Sie mehr Rhabarber ernten als Sie benötigen, können Sie ihn einfrieren. Einfach in passende Stücke schneiden und in Tüten einfrieren. So können Sie die hier vorgestellten Rezepte das ganze Jahr über kochen und sich auch mitten im Winter einen Hauch von Sommer auf den Mittagstisch zaubern.

Die hübschen, großen Blätter sind gut zum Eindecken des Tisches oder auch als Grün zu einem Blumenstrauß geeignet.

Rhabarbertrifle

Sie benötigen:
- 500 g Rhabarber
- 300 g Zucker
- 1 Vanilleschote
- 25-30 Makronen
- 1/4 l Sahne

Zubereitung:
Den Rhabarber putzen und in 1-2 cm breite Stücke schneiden. Mit dem Zucker und der Vanille in einen Topf geben und unter niedriger Hitze köcheln lassen, bis der Rhabarber weich ist. Abkühlen lassen und die Vanilleschote herausnehmen. Die Schlagsahne steif schlagen. Das Rhabarberkompott wechselweise mit zerstoßenen Makronen in eine Schale geben. Zuoberst mit der Schlagsahne und kleinen, essbaren Fliederblüten garnieren. Das Trifle schmeckt auch sehr gut, wenn sie zu gleichen Teilen Rhabarber- und Erdbeerkompott verwenden.

Rhabarberkuchen

Sie benötigen:

1 Portion Rhabarberkompott
250 g kalte, ungesalzene Butter
250 g Mehl
250 g Zucker
Körner von 1 Vanilleschote
150 g gehackte Mandeln
Eventuell 20-25 ganze Mandeln

Zubereitung:

Die Butter als Flocken in das Mehl geben und mit den Fingern zu streuseln vermengen. Zucker, Vanille und Mandeln dazugeben. Den Teig über das Kompott geben und bei 180 Grad für 20 Minuten in den Ofen stellen, bis die Streusel golden und knusprig sind.

CREME:

250 g griechischer Joghurt, 50 g Zucker, Körner von 1 Vanilleschote

Die Creme aus allen Zutaten anrühren und zum Kuchen servieren.

Roulade mit Spinat und Krabben

Sie benötigen:

TEIG:

25 g Margarine
50 ml Mehl
200 ml Milch
50 g Spinat
Salz und Zitronenpfeffer
1/4 TL Backpulver
2 Eigelbe
2 Eiweiße

FÜLLUNG:

1/2 Packung Frischkäse
Etwas Milch, Sahne oder Zitronensaft
1 Tasse fein geschnittener Schnittlauch
1 Becher frische Krabben

Zubereitung:

Die Margarine in einem Topf zerlassen, das Mehl dazugeben und kräftig rühren, bis eine glatte Konsistenz erzielt wird. Die Milch dazugeben und erneut glatt verrühren. Abkühlen lassen und derweil den Spinat grob hacken. Eigelbe, Spinat, Salz, Zitronenpfeffer und Backpulver dazugeben. Die Eiweiße steifschlagen und unterheben. Den Teig auf eingefettetem Backpapier gleichmäßig verteilen und bei 200 Grad für 20-25 Minuten backen. Unter einem feuchten Handtuch abkühlen lassen. Derweil den Frischkäse mit Milch, Sahne oder Zitronensaft verrühren und den Schnittlauch dazugeben. Die Mischung auf dem Teig ausbreiten, Krabben daraufgeben und die Roulade vorsichtig zusammenrollen. In Klarsichtfolie einwickeln und bis zum Servieren im Kühlschrank aufbewahren. Zum Servieren in 1 cm dicke Scheiben schneiden und eventuell mit etwas Salat, weiteren Krabben und ein wenig Brot anrichten.

Roulade mit Spinat und Krabben

Mohrrübenroulade mit Käsecreme

Sie benötigen:

TEIG:

1 Ei
125 g brauner Zucker
125 ml Apfelmus
250 g grob geriebene Mohrrüben
50 g Weizenmehl
50 g Kartoffelmehl
1/2 TL Backpulver
1 TL Natron
1/4 TL Salz
1 TL Vanillinzucker
1,4 TL Zimt
25 g Kokosmehl

KÄSECREME:

100 g Frischkäse
75 g Butter
75 g Puderzucker
1 Tüte Vanillinzucker

Zubereitung:

Eier und braunen Zucker schaumig schlagen. Apfelmus und Mohrrüben einrühren. Alle weiteren Zutaten vorsichtig dazugeben und verrühren. Den Teig auf einem Backpapier ausbreiten und bei 190 Grad für 20 Minuten in den Ofen geben. Den fertigen Teig auf einem mit Zucker bestreuten Backpapier wenden und mit einem feuchten Handtuch bedecken. Die Käsecreme zubereiten und auf dem abgekühlten Teig ausbreiten. Vorsichtig mit Hilfe des Backpapiers zusammenrollen.

Roulade mit Hüttenkäse und Blaubeeren

Sie benötigen:

TEIG:

S. Rezept für Roulade mit Spinat und Krabben

FÜLLUNG:

1 Becher Hüttenkäse
1 Packung Bacon in Würfeln
2 EL Blaubeermarmelade

Zubereitung:

Bereiten Sie den Teig gemäß dem Rezept für Rooulade mit Spinat und Krabben zu. Wenn der Teig abgekühlt ist, verteilen Sie den Hüttenkäse, die gebratenen Baconwürfel und die Blaubeermarmelade und rollen Alles vorsichtig zusammen. In Klarsichtfolie einwickeln und bis zum Servieren in den Kühlschrank stellen. Zum Servieren in 1 cm breite Scheiben schneiden und eventuell mit frischen Blaubeeren servieren. Lassen Sie sich nicht von der merkwürdig anmutenden Mischung der Zutaten abschrecken: Es schmeckt fantastisch!

Roulade mit Hüttenkäse und Blaubeeren

MAI

Sie benötigen:

3 Eier
125 g Zucker
1 EL kaltes Wasser
50 g Weizenmehl
50 g Kartoffelmehl
1/2 TL Hirschhornsalz
750 ml leicht angetautes Vanilleeis
200 g frische oder leicht angetaute TK-Himbeeren

Zubereitung:

Eier trennen. Eigelbe und Zucker schaumig schlagen. Anschließend das Wasser einrühren. Die Eiweiße steifschlagen. Weizen- und Kartoffelmehl mit dem Hirschhornsalz mischen. Die Mehlmischung durch ein Sieb in den Teig geben und verrühren. Anschließend das Eiweiß unterheben. Backpapier einfetten, den Teig darauf ausbreiten und bei 200 Grad für 20 Minuten backen. Den fertigen Teig auf ein mit Zucker bestreutes Backpapier wenden und mit einem feuchten Küchentuch bedecken. Nach dem Abkühlen Vanilleeis und Beeren auf dem Teig verteilen und Alles vorsichtig mit Hilfe des Backpapiers zusammenrollen.

Eisroulade mit Himbeeren

JUNI

So HERRLICH ist er, der DÄNISCHE Sommer: Holunderblüten, Kartoffeln und Erdbeeren. Überall am Rande der kleinen Landstraßen werden VERKAUFSSTÄNDE mit FRISCHEN Produkten aufgestellt, und im Schutz des Zauns blüht der HOLUNDER in rauen Mengen. Allerorten bieten sie sich an: die frischen und guten ZUTATEN. Einige unserer LIEBLINGSREZEPTE in diesem KAPITEL sind ohne Zweifel die PFANNKUCHEN und die Schokoladensauce mit Holunderblütensaft. Eine ganz besondere Kombination, die beiden Zutaten eine neue DIMENSION verleiht. NEUE KARTOFFELN und Erdbeeren: Ja, dazu ist eigentlich nicht viel zu sagen. Die REINE Freude!

Kaltschale mit Holunderblütensaft

Für 4 Personen

Sie benötigen:

1 l Buttermilch
1/2 l Dickmilch oder Joghurt
1/4 l Schlagsahne
1 TL Vanillezucker
2 EL Zucker
1 Ei
100 ml Holunderblütensirup

Zubereitung:

Das Ei mit Zucker und Vanillezucker schaumig schlagen. Joghurt und Sahne dazu geben und verrühren. Danach Buttermilch und Holunderblütensirup dazugeben. Die Kaltschale einige Stunden im Kühlschrank ziehen lassen. Gemeinsam mit etwas zerbröseltem Keks oder Biscuit sowie mit marinierten Erdbeeren servieren.

Frittierte Holunderblüten

Sie benötigen:

10 Holunderblütendolden

Krapfenteig:
25 g Weizenmehl
1 EL Olivenöl
1 Msp Salz
1/2 Glas lauwarmes Wasser
1 Eiweiß
Öl zum Frittieren

Zubereitung:

Das Mehl mit Olivenöl und Wasser verrühren. Das Eiweiß und etwas Salz steif schlagen und unter den Teig heben. Das Öl in einem Topf erhitzen. Die einzelnen Blütendolden am Stängel nehmen, in den Teig tauchen und vorsichtig in das heiße Öl legen. Kurz frittieren, bis der Teig Farbe annimmt. Seien Sie im Umgang mit dem heißen Öl äußerst vorsichtig! Die fertig frittierten Blüten eignen sich zur Dekoration von Eis oder Eierkuchen.

Schokoladensauce mit Holunderblütensaft

Sie benötigen:

50 g Zucker
150 g dunkle Schokolade
1 TL Vanillinzucker
2-3 EL Sahne
2-3 EL Holunderblütensirup
30 g Butter

Zubereitung:

Zucker, Sahne und Sirup erwärmen, bis der Zucker komplett geschmolzen ist. Anschließend vom Herd nehmen. Die Schokolade in kleine Stücke brechen und in die Flüssigkeit einrühren. Vanillinzucker und Butter einrühren. Wenn Ihnen die Sauce etwas zu fest ist, können Sie noch ein wenig Sirup nachgießen. Die Sauce kann warm und kalt genossen werden.

Holunderblütensaft

Holunderblütensaft

Sie benötigen:

30 große oder 50 kleine frisch gepflückte Holunderblütendolden
3 Zitronen
50 g Zitronensäure
1 kg Zucker
1/2 kg brauner Zucker
3 Liter Wasser

Zubereitung:

Pflücken Sie die Holunderblüten bei trockenem Wetter, möglichst weitab von Hauptverkehrsstraßen. Verzichten Sie darauf, die Dolden abzuspülen - und wenn es sein muss, dann möglichst schnell und vorsichtig. Wechselweise Dolden und Zitronenscheiben, Zitronensäure und Zucker in eine Schale legen. Das Wasser zum kochen bringen und über die Dolden gießen. 3-4 Tage zugedeckt stehen lassen. Den Saft durch ein Sieb in abgekochte Flaschen füllen. Fest verschließen und kühl stellen. Verwenden Sie den Saft als Limonade, gemischt mit Mineralwasser oder mit Weißwein.

TIPP: Mit zwei in Scheiben geschnittenen Limetten können Sie dem Saft einen noch pikanteren Geschmack geben. Besonders schön servieren Sie den Saft in Flaschen mit Schnappverschluss, die sie mit eigenen Etiketten und einem Band verschönern können.

Holunderblüten-Pfannkuchen

10-15 Stück

Sie benötigen:

350 g Mehl
4 Eier
600 ml Milch
100 ml Holunderblütensirup
2 EL Zucker
1 Msp Salz
Butter oder Öl zum Braten

Zubereitung:

Eier, Zucker und Salz schaumig schlagen. Milch und Sirup hinzugeben. Das Mehl durch ein Sieb hinzugeben und verrühren. Den Teig eine halbe Stunde ruhen lassen, anschließend mit Butter oder Öl bei hoher Wärme in der Pfanne zubereiten, bis sie eine goldene Farbe annehmen.

Pestokartoffeln

4-6 Personen

Wenn Sie Pesto mögen, sollten Sie unbedingt einmal dieses Rezept probieren. Es ist Lonnies eigene Kreation und ihr persönlicher Favorit.

Sie benötigen:

1 kg neue Kartoffeln
1 Packung Bacon in Würfeln
2 EL Pinienkerne oder Mandeln
100 ml hausgemachtes Basilikumpesto

BASILIKUMPESTO:

2 Handvoll Basilikum
75 ml gutes Olivenöl
Etwas Pinienkerne, etwas Parmesan
Salz und Pfeffer

Zubereitung:

Kartoffeln mit Schale in leicht gesalzenem Wasser kochen. Gleichzeitig Bacon knusprig braten und die Pinienkerne rösten. Die Pestozutaten zusammengeben und mit einem Stabmixer verarbeiten, bis die richtige Konsistenz erreicht ist. Kartoffeln, Bacon, Pesto und Pinienkerne zusammengeben und durchmischen.

Neue Ofenkartoffeln

Für 4-6 Personen

Zu Vivians absoluten Favoriten zählen diese salzigen Kartoffeln. Sie passen hervorragend zu hausgemachter Knoblauchmayonnaise, einem guten Salat und einem Grillhähnchen.

Sie benötigen:

1 kg kleine, neue Kartoffeln
200 ml Salz
1 EL Rosmarin
1 EL Thymian
2 EL Olivenöl

Zubereitung:

Den Ofen auf 200 Grad vorheizen. Die Kartoffeln 5 Minuten lang kochen, danach das Wasser abgießen und die Kartoffeln leicht abkühlen lassen. Mit Kräutern und Öl in eine Tüte füllen und gut durchmischen. Eine halbe Stunde in den Ofen geben, bis die Kartoffeln golden und leicht schrumpelig sind.

Kartoffelpäckchen vom Grill

Für 4-6 Personen

Kleine Päckchen mit neuen Kartoffeln, eventuell mit ein wenig Gemüse, sind eine perfekte Beilage zum sommerlichen Grillfest.

Sie benötigen:

1 kg Kartoffeln
1/2 Flasche Bier
2 große EL Honig
Backpapier und Garn

Zubereitung:

Die Kartoffeln in kleine Würfel schneiden und auf Backpapier verteilen. Bier und Honig miteinander verrühren und dazugeben. Anschließend die Ecken des Backpapiers zusammenführen und das Päckchen mit Garn zubinden. Auf den Grill legen oder für 30-40 Minuten in den Ofen geben, bis die Kartoffeln gar sind und die Marinade karamellisiert ist.

Warmer Kartoffelsalat

Warmer Kartoffelsalat

Sie benötigen:

IN DER KÜCHE VORBEREITEN:

1 kg kleine, neue Kartoffeln gründlich waschen und anschließend bissfest kochen. Anschließend abkühlen lassen und in mundgerechte Stücke schneiden.

DIJONDRESSING:

1,5 EL Dijonsenf
Saft von 1/2 Zitrone
100 ml gutes Olivenöl
1 EL Akazienhonig
50 ml kaltes Wasser
Salz & Pfeffer

Die Zutaten in einer Schale verrühren, bis eine cremige Konsistenz erreicht ist.

GEMÜSE:

20 g getrocknete Tomaten
1 Bund dünner, grüner Spargel
4 Tomaten, wahlweise auch Cocktailtomaten
2 Frühlingszwiebeln
1/2 gelbe Pfefferschote
1/2 rote Pfefferschote

Zubereitung:

Den Spargel leicht dämpfen, anschließend abtropfen lassen und in große Stücke schneiden. Die getrockneten Tomaten in kleine Stücke schneiden und im Dressing einweichen lassen. Die Tomaten in Achtel schneiden, die anderen Gemüse in kleine Stücke. Gemüse und Kartoffeln im Dressing wenden und in einer Schale anrichten.

Kartoffelsalat

Für 4-6 Personen

Sie benötigen:

10 Kartoffeln
1 Zwiebel
1 Handvoll gehackte Petersilie
3 EL Zitronensaft
5 EL Öl
2 EL Essig
4 EL Kapern
4 EL eingelegte Gurke in kleinen Stücken
Salz und Pfeffer

Zubereitung:

Die Kartoffeln mit Schale kochen. Abkühlen lassen und in Scheiben schneiden. Die Zwiebel hacken und mit den Kartoffeln in einer Schale mischen. Aus Zitronensaft, Salz, Pfeffer, Öl und Essig ein Dressing zubereiten und über die Kartoffeln geben. Kapern und die gehackte Gurke dazugeben. Gut mischen und den Salat einige Stunden ziehen lassen. Vor dem Servieren die Petersilie dazugeben.

JUNI

Erdbeerroulade

Sie benötigen:

200 g Marzipan
200 g Eiweiß
300 g Zucker
100 g gehobelte Haselnuss

Füllung:

1/4 l Schlagsahne
500 g Erdbeeren

Zubereitung:

Marzipan und 50 g Eiweiß gut durchkneten. Das übrige Eiweiß steif schlagen und den Zucker vorsichtig unterheben. Zur Marzipanmasse dazugeben. Den Teig gleichmäßig auf einem Stück Backpapier zu ca. 30 x 40 cm ausbreiten und mit der Haselnuss bestreuen. Bei 180 Grad für 15 Minuten in den Ofen geben. Den Boden nach dem Abkühlen auf ein anderes Backpapier wenden. Die steif geschlagene Sahne und die in grobe Stücke gehackten Erdbeeren auf dem Boden verteilen. Mit Hilfe des Backpapiers zu einer Roulade rollen.

Erdbeerdessert

Für 4 Personen

Dieses herrliche Dessert steht bei meiner Schwester regelmäßig auf dem Menü: im Sommer mit frischen Beeren, im Winter mit tiefgekühlten.

Sie benötigen:

1/2 kg Erdbeeren
200 ml Creme Fraiche
200 ml Schlagsahne
2 EL Zucker
100 ml Kokosraspeln

Zubereitung:

Die geputzten Erdbeeren in eine Schale legen. Sahne steifschlagen, den Zucker zugeben und mit der Creme Fraiche vermengen. Die Creme über die Erdbeeren verteilen. Die Kokosraspeln vor dem Servieren über das Dessert streuen.

Erdbeer-Roulade

JUNI

JULI

JULI ist für die MEISTEN gleichzusetzen mit Ferien und FREIZEIT. Zu beidem gehören gutes Essen, lange HELLE Tage und Spaziergänge am STRAND, ein glühend heißer GRILL und GEMÜTLICHKEIT in den GÄRTEN und auf den Terrassen. All das, nach dem wir uns an den kalten Wintertagen so sehr GESEHNT haben. Unsere REZEPTE im Juli-Kapitel gehören zu den BESTEN der BESTEN. So auch die ABSOLUT leckersten GRILLRIPPCHEN, die ich je PROBIERT habe. Lieben Sie KNOBLAUCH und BASILIKUM genauso wie wir? Dann sollten Sie sich dringend einige REZEPTE in diesem Kapitel näher anschauen.

Ein Tag am Strand

JULI

Wraps mit Schinken

Für 4 Personen

Sie benötigen:

1 Packung mit 8 Stk. Tortilla-Wraps

Gemischte Salatblätter
Parmaschinken
2 EL Tomatenpesto
2 EL Pinienkerne
Ein paar Scheiben Emmentaler

Zubereitung:

Verteilen Sie das Tomatenpesto mit einem Löffel auf den Tortillas. Den Salat verteilen. Je 1–2 Scheiben Parmaschinken quer über die Tortillas legen, mit gerösteten Pinienkernen bestreuen und mit ein paar Scheiben Käse abschließen. Die Tortillas fest zusammenrollen, mit Butterbrotpapier umwickeln und ein Band darumbinden.

Wraps mit Hähnchen

Für 4 Personen

Sie benötigen:

1 Packung mit 8 Stk. Tortilla-Wraps

Gemischte Salatblätter
1 Grillhähnchen in Streifen
1 Packung Bacon
Dünne Tomaten- und Gurkenscheiben

DRESSING:

100 ml Creme Fraiche
1 EL leichte Mayonnaise
1 TL Curry

Zubereitung:

Die Dressing-Zutaten miteinander verrühren und mit einem Löffel auf den Tortillas verteilen. Den Salat, die Hähnchenstreifen, den gebratenen Bacon, Tomate und Gurke verteilen. Achten Sie darauf, dass die Tortillas nicht bis zur Kante bedeckt sind. Fest zusammenrollen, in Butterbrotpapier einwickeln und ein Band darumbinden.

JULI

Zitronenspeise

Für 4 Personen

Sie benötigen:

4 Blatt Gelatine
3 Eier
100 g Zucker
1 TL fein geriebene Zitronenschale
50 ml frisch gepresster Zitronensaft
1/4 l Schlagsahne

Zubereitung:

Die Gelatine für 10 Minuten in kaltes Wasser legen. Derweil die Eier und den Zucker schaumig schlagen. Die Gelatine aus dem Wasser nehmen, ausdrücken und im Wasserbad zum Schmelzen bringen. Danach mit der Zitronenschale und dem Zitronensaft vermischen. Vorsichtig in den Eierschaum einrühren. Die Sahne steifschlagen und vorsichtig unterheben. Füllen Sie die Zitronenspeise in kleine Gläser oder in eine große Dessertschale und lassen Sie sie ein paar Stunden lang im Kühlschrank ruhen. Vor dem Servieren mit Schlagsahne garnieren.

Eingemachte Zitrusfrüchte

Sie benötigen:

1 kg Bio-Zitrusfrüchte, z. B.: 3 Orangen, 2 Zitronen, 1 Grapefruit und 1 Limette. Dazu 750 g Zucker, Körner aus 1/2 Vanilleschote, 1 Handvoll ganze Mandeln.

Zubereitung:

Die Früchte waschen. Anschließend oben und unten ein Stück abschneiden und danach die Früchte in Achtel schneiden. Die Schale nicht entfernen! Nehmen Sie alle Kerne, die Sie sehen können, heraus. Geben Sie die Früchte zusammen mit dem größten Teil des Zuckers und mit der Vanille in die Küchenmaschine und zerkleinern Sie alles. Danach mit dem restlichen Zucker abschmecken. Mandeln dazugeben. Kann sofort genossen werden. Wenn Sie die Zitrusfrüchte lagern wollen, sollten Sie etwas mehr Zucker und etwas Alkohol – z. B. Orangenlikör – verwenden, die Früchte nach einem Tag umrühren und anschließend in einem ausgekochten, verschließbaren Einmachglas lagern.

Limonade

Sie benötigen:

12 Bio-Zitronen
100–200 ml Zucker
Frische Zitronenscheiben

Zubereitung:

Die Zitronen auspressen und den Saft mit einem Teil des Zuckers in einer Kanne verrühren, bis der Zucker komplett aufgelöst ist. Abschmecken und bei Bedarf noch etwas Zucker dazugeben. Erneut umrühren. Die Kanne mit Wasser und eventuell etwas zerstoßenem Eis auffüllen. Frische Zitronenscheiben dazugeben.

Limettenmousse

Für 4 Personen

Ein delikates und etwas anderes Dessert, das Aufmerksamkeit erregen wird. Eignet sich auch hervorragend als Tortencreme.

Sie benötigen:

400 ml Schlagsahne
200 ml Creme Fraiche
200 ml Joghurt
150 ml Zucker
2 TL geriebene Bio-Limette
100 ml Limettensaft (aus 4-6 Früchten)
6 Blatt Gelatine

Zubereitung:

Die Sahne steif schlagen. Danach Creme Fraiche, Joghurt und Zucker miteinander verrühren. Die Gelatine 10 Minuten in kaltem Wasser einweichen lassen. Danach vorsichtig ausdrücken und im Wasserbad schmelzen lassen. Limettensaft und -schale einrühren und abkühlen lassen. Den Joghurt nach und nach einrühren und zum Schluss die Schlagsahne unterheben. Das Mousse einige Stunden kühlen. Zum Servieren mit 1/2 Scheibe frischer oder kandierter Limette garnieren.

Kirschmousse

Für 4 Personen

Sie benötigen:

300 g Ricotta
1–2 EL Kirschlikör
1 EL Mandellikör
1,5 EL Honig
1/2 TL Vanillezucker
300 ml frische Kirschen
100 ml dunkle Schokolade

Zubereitung:

Den Ricotta mit einem Handmixer 3–4 Minuten lang rühren, bis er luftig wird. Die Liköre, den Honig und den Vanillezucker miteinander vermischen. Die Kirschen halbieren und den Stein entfernen. Die Kirschen vorsichtig in der Ricottamischung wenden. In eine Schale geben und in den Kühlschrank stellen, bis das Mousse fest wird. Etwas Schokolade darüberreiben. Mit einigen frischen Kirschen garnieren.

Schnelle Vorspeise

Für 4 Personen

Sie benötigen:

16 Kirschen mit Stängel
4 Scheiben Parmaschinken
100 ml Schlagsahne
1 EL fein geriebener Meerrettich

Zubereitung:

Jeden Schinkenstreifen jeweils in 4 Stücke teilen und die Kirschen darin einwickeln. Die Sahne leicht steifschlagen. Die Beeren zusammen mit der Schlagsahne auf einer Platte anrichten und den Meerrettich darüber verteilen.

Gefüllte Champignons

Für 4 Personen

Sie benötigen:

8 große Champignons
1/2 Packung Frischkäse
1 Handvoll feingehacktes Basilikum

Zubereitung:

Die Champignons waschen und die Füße entfernen. Den Frischkäse mit dem Basilikum vermengen und die Champignons damit füllen. Bei 220 Grad für 5-10 Minuten in den Ofen geben.

Hähnchensalat

Für 4 Personen

Sie benötigen:

2 Hähnchenbrustfilets
600 ml frischer Salat nach Belieben
1 Packung Bacon
Paranüsse, Oliven und Pesto

Zubereitung:

Die Hähnchenbrustfilets und den Bacon knusprig braten. Den Salat auf vier großen Tellern anrichten. Das Hähnchen in Scheiben schneiden und gemeinsam mit dem Bacon auf den Salat legen. Mit Nüssen, Oliven und Pesto servieren. Dazu am besten ein frisches Brot.

Traditionelles Pesto

Für 4 Personen

100 ml Öl
50 g geröstete Pinienkerne
2-4 Knoblauchzehen
5 Handvoll frisches Basilikum
50 g geriebener Parmesan
1 TL Salz

Alle Zutaten mit einem Handmixer verarbeiten, bis die richtige Konsistenz erzielt ist. Passt zu Krabben, Pizza, neuen Kartoffeln, Salaten oder auf das Sandwich.

Tomatensuppe mit Basilikum

Für 4 Personen

Sie benötigen:

4 Knoblauchzehen
1 Zwiebel
Etwas feingehacktes Chili
1 EL gutes Olivenöl
2 kg Tomaten
1 Dose konzentriertes Tomatenpüree
1 l Suppenfond oder Wasser mit kräftiger Bouillon
1/4 l Schlagsahne
1-2 Handvoll Basilikum
Salz

Zubereitung:

Das Öl in einem Topf erhitzen und das feingehackte Knoblauch, Zwiebel und Chili darin anschwitzen. Die Tomaten kurz in kochendes Wasser geben, enthäuten, grob hacken und in den Topf geben. Fond, Tomatenpüree und Sahne dazugeben und die Suppe 10 Minuten lang köcheln lassen. Mit Salz abschmecken und bei Bedarf mit etwas krossem Bacon garnieren.

JULI

Knoblauchkartoffeln

Für 4 Personen

Sie benötigen:

1 kg neue Kartoffeln
2 EL gehacktes Basilikum
1 EL gehackter Thymian
1 EL gehackter Oregano
4 fein gehackte Knoblauchzehen
1 TL grobes Salz
2 EL Olivenöl

Zubereitung:

Die Kartoffeln in Wedges schneiden und gut mit einem Küchentuch trockentupfen. Mit Öl, Knoblauch und Kräutern in eine Tüte geben und gut vermischen. Anschließend auf einem Backblech verteilen, grobes Salz darübergeben und bei 200–225 Grad im Ofen backen, bis sie golden und knusprig sind. Das dauert ungefähr eine halbe Stunde.

Knoblauchpesto

Sie benötigen:

100 g eingelegter Knoblauch
2 EL Walnusskerne
1 Handvoll frisches Basilikum
Salz
Pfeffer
1 EL Parmesan
Etwas Zitronensaft

Zubereitung:

Alle Zutaten in die Küchenmaschine geben und zu ein grobes Mousse verarbeiten. Abschmecken und servieren – am besten zu einem guten Brot oder zu Pasta.

Hausgemachtes Aioli

Sie benötigen:

4-6 Knoblauchzehen
1 Prise Salz
3 Eigelbe
450 ml Olivenöl
Etwas Zitronensaft
1/4 l Creme Fraiche

Zubereitung:

Den Knoblauch fein hacken und anschließend mit Salz und den Eigelben verrühren - am besten in der Küchenmaschine. In einem dünnen Strahl das Öl dazugeben und dabei mit hoher Geschwindigkeit weiterrühren. Solange Öl dazugeben, bis das Aioli blank und dickflüssig ist. Zum Abschluss Creme Fraiche und etwas Zitronensaft dazugeben.

Rippchen mit Barbecuesauce

Dieses Rezept für eine Barbecuesauce ist das Beste, das ich je probiert habe. Es übertrifft Alles, was es an fertigen Saucen zu kaufen gibt. Obwohl es eigentlich unser Credo ist, solche Rezepte zu entwickeln, die mit einem minimalen Einsatz das Beste an Geschmack herausholen, haben wir uns hier ein wenig von unserem Konzept gelöst. Das Rezept mag recht viele Zutaten erfordern... aber es wird Sie nicht enttäuschen. Ich habe es von unserem Freund Carsten Honoré bekommen. Viele Jahre lang war es ein Geheimrezept der Familie gewesen, doch noch bevor er uns wieder verließ, rangen wir ihm die Erlaubnis ab, das Geheimnis an Sie weiter zu verraten. Natürlich kann die Sauce auch als Marinade für Grillfleisch verwendet werden. Wir haben es hier für drei große Rippchenteile vom Schlachter verwendet. Bestellen Sie das Fleisch unbedingt nicht-mariniert und ungewürzt. Geben Sie die Marinade einige Stunden vor dem Grillen über das Fleisch, damit es richtig ziehen kann. Die Grillzeit beträgt ca. 45 Minuten. Währenddessen sollten Sie das Fleisch laufend weiter mit Marinade bepinseln und wenden, bepinseln und wenden. Da hat man sich dann wirklich auch ein Glas Bier oder Weißwein verdient. Guten Appetit!

Sie benötigen:

100 ml lauwarmes Wasser, 1 Rinderbouillonwürfel, Saft von 1/2 Zitrone, 500 ml Heinz Ketchup, 1/5 Flasche HP Sauce, 1/5 Flasche englische Sauce, 1/6 Flasche Tabasco, 2 Knoblauchzehen, 1/4 Tüte Paprika, 1/2 TL weißer Pfeffer, 1/2 TL Salz, 1/2 - 1 TL Chilipulver, 100 ml. Sahne, 50 ml Creme Fraiche, etwas braune Lebensmittelfarbe

Zubereitung:

Den Bouillonwürfel im Wasser auflösen und alle übrigen Zutaten dazugeben. Mit dem Schneebesen verrühren.

Rippchen mit Barbecuesauce

Knoblauch aus dem Ofen

Knoblauch aus dem Ofen – oder auch vom Grill – ist ein ganz besonderer Leckerbissen. Verwenden Sie hierfür ganz frischen Knoblauch. Schneiden Sie vom gesamten Knoblauch die Spitze ab und gießen Sie Olivenöl über die einzelnen Zehen. Mit etwas Salz und Pfeffer würzen und in eine eingefettete feuerfeste Form füllen. Bei 180 Grad für 1–1,5 Stunden im Ofen lassen.

AUGUST

Der SPÄTSOMMER ist für Viele die BESTE Zeit des Jahres. Die Tage sind immer noch LANG und hell, die TEMPERATUR meistens sehr ANGENEHM und das Wasser im Meer und in den Seen meist auch. Die reiche SPEISEKAMMER der Natur ist bis zum Bersten mit OBST und BEEREN gefüllt. Es gibt Kräuter und Gemüse im ÜBERFLUSS. Traditionell begann man in dieser Zeit, den VORRAT für den Winter anzulegen: EINLEGEN, konservieren und einfrieren. Wir richten unseren BLICK aber vorerst weiter auf die Rezepte mit FRISCHEN Zutaten. Frische SONNENGEREIFTE Beeren, die man praktisch DIREKT vom Strauch in die Salatschale pflücken kann. Dies ist der HÖHEPUNKT eines jeden Spätsommers!

Blaubeersaft

Sie benötigen:
Blaubeeren, Zucker, Wasser

Zubereitung:
Die Beeren spülen und mit 1/2 Liter Wasser pro Kilo Beeren aufkochen. Die Beeren abkühlen und anschließend durch ein Tuch abtropfen lassen. Den Saft mit 350 g Zucker pro Liter Saft für 10 Minuten kochen lassen. Anschließend in ausgekochte Flaschen umfüllen.

Entenbrust

mit gerösteten Pilzen, Blaubeeren und Honig

Sie benötigen:

150 g gemischte Pilze, z. B. Austernpilze, Champignons oder Pfifferlinge
Etwas Öl
1 kleine Handvoll frischer Thymian
1 kleine Handvoll frisches Rosmarin
250 g Blaubeeren
2 EL Akazienhonig
2 Stück Entenbrust
Salz und Pfeffer

Zubereitung:

Die Pilze putzen und in der Pfanne golden braten. Die Blaubeeren, den gehackten Thymian und 1 EL Honig vorsichtig dazugeben. Durchwärmen und danach mit Salz und Pfeffer abschmecken. Das gehackte Rosmarin, den übrigen Honig und etwas Öl in eine andere Pfanne geben. Die Entenbrust salzen und pfeffern und mit der Hautseite nach unten scharf anbraten. Wenden und fertig garen, sodass die Mitte rosa bleibt. Anschließend 10 Minuten ruhen lassen und vor dem Servieren in Scheiben schneiden.

Salat mit Blaubeeren

Kann als Beilage zur Ente oder als leichter Lunch serviert werden.

Zubereitung:

Frischen Rucola mit anderen zarten Salatblättern und 100 g frischen Blaubeeren, 50 g Walnüssen und 100 g Schimmelkäse mischen. 2 EL Akazienhonig darüberträufeln. Dazu ein Stück Brot reichen.

Herrliche Blaubeertarte

Sie benötigen:

TEIG:

250 g Mehl
75 g Zucker
125 g Butter
1 Ei

Bei Bedarf können Sie auch einen Fertigteig verwenden. So haben wir es hier auch getan.

FÜLLUNG:

500 g Blaubeeren
100 g Zucker

Zubereitung:

Mehl und Zucker mischen. Die Butter hineinhacken und alles mit den Fingern gut vermengen. Die leicht verrührten Eier hinzugeben und Alles zu einem festen Teig vermengen. Eine halbe Stunde im Kühlschrank ruhen lassen, anschließend ausrollen und in eine Tarteform legen. Den Teig mit Backpapier bedecken und Reis oder Linsen einfüllen, sodass er während des Vorbackens die Form hält. Für 15 Minuten bei 180 Grad in den Ofen geben. Das Backpapier entfernen und die gespülten Blaubeeren hineingeben. Mit Zucker bestreuen und weitere 10-15 Minuten in den Ofen geben. Schmeckt am besten lauwarm mit etwas Creme Fraiche.

Krabben mit Dilldressing

Für 4 Personen

Sie benötigen:

500 g frische Krabben
1/2 Chinakohl
Luzernesprossen
Dill zum Garnieren

DRESSING:
1/2 l Creme Fraiche
1 große Handvoll Dill
1/2 Flasche süße chinesische Sauce
Etwas frisch gepresster Zitronensaft
Salz und Pfeffer

Zubereitung:

Den Chinakohl sehr fein hacken und gemeinsam mit den Krabben anrichten. Dressing und Sprossen dazugeben und mit ein paar Dillzweigen garnieren. Für das Dressing den Dill fein hacken und mit Creme Fraiche, der chinesischen Sauce und dem Zitronensaft mischen. Mit Salz und Pfeffer abschmecken. Mit etwas Brot servieren.

Lachs mit Dillcreme

Dieses Rezept lässt sich denkbar schnell umsetzen – und schmeckt dazu noch fantastisch!

Sie benötigen:

300 g Räucherlachs
1 Packung Frischkäse
1 Handvoll frischer Dill

Zubereitung:

Den Frischkäse und den gehackten Dill miteinander verrühren. Jeweils ein TL auf jede Scheibe Lachs legen und den Lachs zusammenrollen.

AUGUST

Krabben selbst pulen

Für 4 Personen

Berechnen sie 300-400 g Krabben pro Person, wenn es ein Hauptgericht sein soll. Die Krabben sollten ganz frisch sein und gut gespült werden, bevor sie sie in leicht gesalzenes Wasser geben. Aufkochen und 1 Minute lang köcheln lassen. Danach vom Herd nehmen und 10 Minuten im Kochwasser ziehen lassen.

Aioli

Hausgemachte Knoblauchmayonnaise

Sie benötigen:

2 Eier
200 ml kaltgepresstes Olivenöl
Knoblauch nach Belieben
1/2 EL Zitronensaft
1/2 EL Weißweinessig

Zubereitung:

Die Eier verrühren und das Öl in einem dünnen Strahl dazugeben. Dabei ständig weiterrühren. Mit gehacktem Knoblauch, Salz, Zitronensaft und Essig abschmecken.

Madame Denis

Caesar Salad

Für 4 Personen

AUGUST

Caesar Salad

Für 4 Personen

Sie benötigen:

2-3 Stück Romana-Salat
Gehobelter Parmesan
Croutons
250 g Grillhähnchen in kleinen Stücken

DRESSING:

7 EL Olivenöl
2 EL Rotweinessig
1 Eigelb
1/2 TL Senfpulver oder Senf
1,5 TL Zitronensaft
Etwas Tabasco
Etwas Worcestersauce
2-4 gepresste Knoblauchzehen

Zubereitung:

Den Salat spülen und in kleine Stücke teilen. Das Brathähnchen in Scheiben oder mundgerechte Stücken schneiden. In einer Schale anrichten. Etwas Parmesan über den Salat hobeln. Die Zutaten für das Dressing kräftig mischen, bis das Dressing leicht schaumig ist. Über den Salat geben. Abschließend die Croutons verteilen und den Salat mit einem guten Stück Brot servieren.

Hausgemachte Croutons

Ein paar Scheiben leicht trockenes Weißbrot in kleine Würfel schneiden. 50 ml Olivenöl gemeinsam mit ein paar Knoblauchzehen in eine heiße Pfanne geben. Die Brotwürfel rösten, bis sie eine braune Farbe annehmen und knusprig sind. Vermeiden Sie dabei ein zu häufiges Umrühren. Vor dem Servieren mit grobem Salz abschmecken.

Avocado-Melonen-Salat

Für 4 Personen

Sie benötigen:

2 Avocados
2 Birnen
1/2 Honigmelone
1 Packung Parmaschinken oder Bacon
Gemischte Salate
100 ml Sonnenblumenkerne

DRESSING:

1 TL Weißweinessig, 2 EL Olivenöl, Salz und Pfeffer, gehacktes Basilikum

Zubereitung:

Den Salat spülen und schleudern, danach in einer Schale verteilen, sodass der ganze Boden bedeckt ist. Avocados, Birnen und Melone in mundgerechte Stücke schneiden und über den Salat verteilen. Den Parmaschinken in kleinere Stücke schneiden. Wahlweise Bacon knusprig braten und zerbrechen. Gemeinsam mit in der Pfanne gerösteten Sonnenblumenkernen über den Salat geben. Die Dressingzutaten gut vermischen und über den Salat geben.

Pastasalat mit getrockneten Tomaten

Für 4 Personen als Beilage oder für 2 Personen als Lunch

Sie benötigen:

500 g Pasta, Feta, 5–10 getrocknete Tomaten im Glas, 1 kleine Tüte Pinienkerne, 1/2 TL Zitronensaft, 2 EL Tomatenpesto, 2 EL Öl, Salz und Pfeffer, 1 gute Handvoll Rucola

Zubereitung:

Die Pasta nach Anweisung auf der Verpackung kochen. Öl, Salz, Pfeffer und Zitronensaft vermengen und in die gekochte, noch warme Pasta geben. Danach Tomatenpesto, die in kleinere Stücke geschnittenen getrockneten Tomaten, die gerösteten Pinienkerne, den Feta und den Rucola dazugeben und alles gut durchmischen. Danach den Salat in den Kühlschrank stellen, bis er komplett abgekühlt ist. Mit einem guten Stück Brot servieren.

Hausgemachtes Tomatenpesto

Für 4 Personen

Sie benötigen:

1/2 Glas getrocknete Tomaten in Öl
1/2 Tüte Pinienkerne
40 g geriebener Parmesan
2-3 Knoblauchzehen
Etwas Salz
50-100 ml gutes Olivenöl

Zubereitung:

Alle Zutaten vermengen und mit einem Mixstab zu ein grobes Pesto verarbeiten.

Thunfischmousse an Salat Nicoise

Für 4 Personen

Sie benötigen:

Gemischte Salate, gerne Kopfsalat und Rucola
2 gekochte Eier
50 g Oliven
2–3 Cherrytomaten
1 rote Zwiebel
1 Knoblauchzehe
200 g Thunfisch
1/2 Packung Frischkäse
1 Broccoli
1/2 Tüte Erdnüsse

Zubereitung:

Den Salat spülen und abtropfen lassen. Die Zwiebel in dünne Ringe schneiden. Den abgetropften Thunfisch mit dem Frischkäse verrühren und über dem auf einer Schale ausgebreiteten Salat verteilen. Die geviertelten Eier, die Oliven, die halbierten Tomaten, kleine Broccoliröschen, den gehackten Knoblauch und die Zwiebelringe dazugeben. Abschließend Erdnüsse über den Salat geben. Der Salat benötigt kein Dressing, jedoch schmeckt eine Marinade aus Zitrone und Olivenöl ganz gut dazu.

SEPTEMBER

Eines der GERICHTE, nach denen ich mich zu Beginn des HERBSTES besonders SEHNE, ist die ZWIEBELQUICHE. Den kann man natürlich das ganze Jahr über machen, aber so richtig PERFEKT passt sie nur zu dieser Jahreszeit. Wir machen sie häufig als BEILAGE zu einem guten HÜFTBRATEN, gerne begleitet von etwas gröberem GEMÜSE. Es ist AUCH genau in dieser JAHRESZEIT, dass wir Lust bekommen, wieder zu BACKEN – und zwar so richtig AMBITIONIERT. Deshalb finden Sie in diesem Kapitel gleich mehrere KUCHENREZEPTE.

Süße Zwiebelquiche

SEPTEMBER

Süße Zwiebelquiche

Diese Quiche ist unglaublich lecker als Beilage zu einem Rinderbraten, zu kleinen Ofenkartoffeln und einer kräftigen Sauce. Dazu etwas Weißwein und Gorgonzola!

Sie benötigen:

TEIG:

100 ml Weizenmehl
100 ml grobes Weizenmehl
40 g Margarine oder Öl
3 EL Joghurt
50 ml kaltes Wasser

Zubereitung:

Alle Zutaten mischen und gut mit den Händen kneten. Den Teig ausrollen und in eine Quicheform legen.

Sie benötigen:

FÜLLUNG:

5-10 Gemüsezwiebeln
2 Tassen Zucker
8 Eier
Geriebener Käse
Salz und Pfeffer

Zubereitung:

Die Zwiebeln hacken und mit etwas Olivenöl in der Pfanne anschwitzen. Zucker darübergeben und gut bräunen. Die Eier leicht verrühren, mit Salz und Pfeffer würzen und mit dem Käse vermischen. Die Zwiebeln in der Quicheform verteilen und die Eiermasse darauf verteilen. Bei 200 Grad im Ofen backen, bis die Füllung gestockt ist und eine goldene Farbe angenommen hat.

TIPP: Diese Quiche ist wirklich schnell gemacht und kann mit den verschiedensten Gemüsen und den Resten vom Vortag zubereitet werden. Ein schnelles, leckeres Mittagessen!

Kleine, schnelle Zwiebelquiches

Die kleinen Zwiebelquiches eignen sich gut für Büffets, als Snack oder als Beilage. Gerne zu einem kalten Glas Weißwein servieren.

Sie benötigen:

4 Platten Blätterteig
4 Zwiebeln
50 ml Olivenöl
Salz und Pfeffer
100 ml Oliven
250 g luftgetrockneter Schinken

Zubereitung:

Den Blätterteig auf doppelte Größe ausrollen und jede Platte in 4 Stücke teilen. Die Zwiebeln in Streifen schneiden und in der Pfanne bräunen, danach auf dem Teig verteilen. Auf jede „Quiche“ ein Stück Schinken legen. Salz, Pfeffer und Oliven dazugeben und bei 220 Grad für 10-15 Minuten in den Ofen geben.

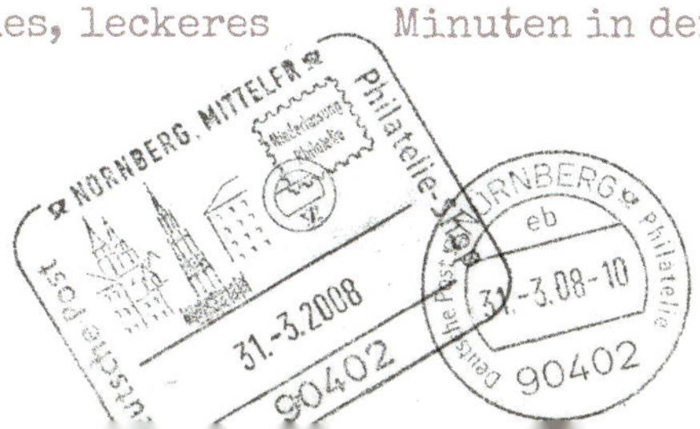

Ofenzwiebeln

Schmecken hervorragend und sehen wunderbar aus, wenn sie den Gästen serviert werden.

Sie benötigen:

4 Gemüsezwiebeln
Salz und Pfeffer
4 Scheiben Bacon
125 ml Sahne
100 g geriebener Parmesan

Zubereitung:

Die Zwiebeln schälen und anschließend eine Viertelstunde kochen, bis sie gar sind. Einen Deckel abschneiden und die Zwiebeln aushöhlen. Das Zwiebelinnere fein hacken und mit Sahne, Parmesan und den Kräutern mischen. Danach die Zwiebeln damit füllen und auf jede Zwiebeln eine Scheibe Bacon legen und mit einem Holzspieß fixieren. Bei 200 Grad für eine halbe Stunde in den Ofen geben.

Französische Zwiebelsuppe

Jetzt, wo es langsam herbstlicher wird, gibt es kaum etwas Herrlicheres als eine glühend heiße Zwiebelsuppe nach einem langen Spaziergang...

Sie benötigen:

Etwas Butter oder Öl
500 g gehackte Zwiebel
Ein paar Lorbeerblätter
1 Knoblauchzehe
1 EL Paprika
1 l Rindfleischbrühe

Zubereitung:

Zwiebel und Knoblauch in der Butter sautieren und Paprika und Lorbeer dazugeben. Alles in die Brühe geben und 10 Minuten köcheln lassen. Mit etwas Brot servieren.

SEPTEMBER

Anettes Zwiebeltopf

Dieses Rezept habe ich von einer guten Freundin bekommen. Ein richtiges Herbstessen.

Sie benötigen:

ZWIEBELSAUCE:

600 g Zwiebeln
500 g mageres Schweinehack
1 Dose Tomatenpüree
Salz und Pfeffer

KÄSESAUCE:

25 g Butter
1 EL Mehl
1/2 l Milch
1 TL Salz und etwas Pfeffer
Geriebener Käse

Zubereitung:

Das Fleisch und die Zwiebel in der Pfanne braten, danach Tomatenpüree und Kräuter dazugeben. Die Butter zerlassen und nach und nach die Milch dazugeben. Abschließend Kräuter und Käse dazugeben. Die Zwiebelsauce in ein Gefäß füllen und die Käsesauce darübergeben. Bei 200 Grad in den Ofen geben, bis die Käsesauce eine goldene Farbe annimmt, ca. 20-30 Minuten. Mit gekochten Kartoffeln oder Kartoffelpüree und Grünen Bohnen servieren.

Huevos Rellenos
Für 4 Personen

Huevos Rellenos

Für 4 Personen

Dies ist ein spanischer Tapasklassiker. Das Konzept ist ganz einfach: Im Prinzip werden gekochte Eier mit verschiedensten Füllungen garniert. Einfach die Eier kochen und halbieren, danach das Eigelb mit Mayonnaise, Creme Fraiche oder Frischkäse vermengen und garnieren. Traditionell werden häufig frische Kräuter und Fisch verwendet.

Sie benötigen:

8 Eier
4 EL Frischkäse
Salz und Pfeffer
12 große Krabben
Etwas Schnittlauch
Etwas Dill
4 Stück Appetitsill
1 EL Kaviar

Zubereitung:

Die Eier rund 10 Minuten kochen, bis sie fest sind. Danach abschrecken und abkühlen lassen. Schälen und halbieren. Die Eigelbe vorsichtig aus dem Ei lösen und in eine Schale geben. Mit Hilfe einer Gabel mit Frischkäse, Salz und Pfeffer vermengen. Die Masse in einen Spritzbeutel füllen und die halben Eier damit füllen. Jeweils mit einem Appetitsill, Schnittlauch, Krabben und Dill oder mit Kaviar garnieren. Jeweils vier verschieden belegte Eier auf einem Teller anrichten und dazu Brot reichen.

Salat Nicoise

Für 4 Personen

Sie benötigen:

2 Handvoll Salatblätter
10 große Oliven
2 Tomaten
1 rote Zwiebel
2 gekochte Eier
200 g Thunfisch
1 EL Olivenöl
1 EL Zitronensaft

Zubereitung:

Den Salat in kaltem Wasser spülen und abtropfen lassen. Die Zwiebel in Ringe schneiden. Den Salat auf einer Schale anrichten. Den Thunfisch, die halbierten Eier, Oliven, die geachtelten Tomaten und die Zwiebelringe verteilen. Etwas Zitrone und Olivenöl mit einer Gabel verrühren und über den Salat geben. Dazu ein grobes Brot reichen.

Altmodischer Apfelkuchen

Sie benötigen:

6-8 Äpfel
100 g Zucker
1/4 l Schlagsahne
8 Makronen
200 ml Semmelbrösel
6-8 TL Johannisbeergelee

SEPTEMBER

Zubereitung:

Die Äpfel schälen, das Kerngehäuse entfernen und in Achtel schneiden. Mit ein wenig Wasser in einen Topf geben und gar kochen, ca. 10 Minuten. Den Zucker erst zugeben, wenn die Äpfel bereits gar sind. Das Apfelmus abkühlen lassen. Die Sahne steif schlagen. Das Apfelmus, die Makronen und die Semmelbrösel in eine Schale geben. Mit Sahne und Johannisbeergelee garnieren.

Tiramisu

Tiramisu ist ein italienischer Klassiker und ist nur dann original, wenn er mit einem Hauch von Kaffee und cremiger Mascarpone zubereitet wird. Versuchen Sie auch, anstelle der deutschen Löffelbiscuits echte italienische Biscotti zu bekommen. Das eigentliche Geheimnis einer guten Tiramisu macht jedoch der verwendete Likör aus: Je nach italienischer Region gibt es hier ganz verschiedene Auffassungen. Mal wird Marsala, mal Cognac, mal Amaretto, bisweilen auch Whisky empfohlen.

Sie benötigen:

200 ml Puderzucker
8 Eigelbe
500 g Mascarpone
1/2 l Sahne
1 Packung Löffelbiscuits oder Biscotti
100 ml frischer Kaffee
50 ml Cognac
1/2 dl Cognac
Kakao zum Bestreuen

Zubereitung:

Eigelbe und Puderzucker weiß und schaumig schlagen. Die Sahne gut steif schlagen. Mascarpone in die Eiermasse rühren, bis diese homogen ist. Danach mit der Sahne vermengen. Suchen Sie sich eine passende Schale für das Tiramisu und stellen Sie die Mascarponecreme bereit. Cognac in den Kaffee geben und ein wenig abkühlen lassen. Nun die Biscotti einzeln kurz in den Kaffee tauchen und damit die Schale auslegen. Jeweils mit einer Lage Biscotti und einer Lage Mascarponecreme abwechseln. Mit der Creme abschließen und durch ein Sieb etwas Kakao darüberstreuen. Dieses Rezept reicht für zwei Desserts von der Größe, die auf den Bildern zu sehen sind.

Tiramisu

SEPTEMBER

Altmodischer "Kringle"

Sie benötigen:

250 ml Milch
50 g Hefe
1 EL Zucker,
2 Eier
200 g Margarine oder Butter
1 TL Kardamom
500 g Mehl
Perlzucker und gehobelte Mandeln

BUTTERCREME:
125 g Margarine oder Butter
125 g Zucker
Evt. etwas Vanilleessenz
Evt. Rosinen

Kringle

mit Marzipan und Schokolade

Backen Sie selbst diese typische Spezialität aus dänischen Konditoreien.

Sie benötigen:

FÜLLUNG:
100 g Butter
50 ml Zucker
1 EL Mehl
60 g Marzipan
100 g gehackte Schokolade

Zubereitung:

Die Hefe mit dem Zucker vermengen. Butter zerlassen und Milch anwärmen. Eier, Kardamom, Butter und Milch mit dem Hefezucker verrühren. Das Mehl dazugeben und den Teig gut kneten. Rund eine Stunde auf doppelte Größe gehen lassen. In der Zwischenzeit die Füllung zubereiten. Wenn der Teig aufgegangen ist, diesen zu zwei Rechtecken ausrollen.

Die Füllung in der Mitte des Teigs verteilen. Erst die Enden einklappen, danach die Längsseiten. Die Stangen mit Sahne oder Milch bepinseln und mit Perlzucker oder Mandeln bestreuen. Bei 200 Grad für 15-20 Minuten in den Ofen geben.

Kuchen mit Käseglasur

Herrliche Küchlein mit Banane, Zimt und Muskat. Die Küchlein schmecken mit ihrer knusprigen Hülle bereits so, wie sie sind. Sie können jedoch noch mit einer Käse- oder einer Schokoladenglasur verfeinert werden.

Basisrezept:

Dieses Rezept reicht für eine große Kuchenform oder für 12-14 Muffins
400 ml Mehl

Sie benötigen:

400 g Mehl
1,5 TL Backpulver
2 TL Zimt
1 TL Muskat
125 g zimmerwarme Butter
200 ml Zucker
2 EL kalter, starker Kaffee
2 Eier
100 ml Creme Fraiche
100 ml leicht zerdrückte Banane

Zubereitung:

Den Ofen auf 175 Grad vorheizen. Mehl, Backpulver und Gewürze in einer Schale mischen. In einer anderen Schale Butter und Zucker luftig schlagen und anschließend den Kaffee dazugeben. Die Eier einzeln zugeben und nach jedem Ei kräftig rühren. Mehlmischung und Eiermischung mit der Creme Fraiche und der Banane vermengen. In eine eingefettete Form geben. Bei einer Kuchenform 40, bei Muffinsformen ca. 20 Minuten lang backen.

Kuchen mit Käseglasur

Sie benötigen:

FRISCHKÄSEGLASUR:
200 g Frischkäse
75 g Butter
650 ml Puderzucker
1 TL Vanillezucker
2 EL Rote Bete-Saft

Frischkäse und Butter gut verrühren und Puderzucker und Vanillezucker hinzugeben. Anschließend den Rote Bete-Saft einrühren. Den abgekühlten Kuchen mit der Glasur und kandierten Rosenblättern garnieren.

Sie benötigen:

KANDIERTE ROSENBLÄTTER:
Rosenblätter
1 kleiner Pinsel
2 Schalen
Sehr fein gemahlener Zucker
Backpapier
Mehrere Eiweiße

Eiweiß in die eine Schale geben, den Zucker in die andere. Vorder- und Rückseite eines jeden Rosenblattes mit Eiweiß bepinseln und danach in den Zucker dippen. Vorsichtig auf Backpapier legen und 48 Stunden trocknen lassen.

Muffins mit Glasur

Sie benötigen:

SCHOKOLADENGLASUR:

50 ml Schlagsahne
100 g dunkle Schokolade
1 EL Butter

Die Sahne in einem Topf erhitzen. Die Schokolade in kleine Stücke zerbrechen, in die Sahne geben und schmelzen lassen. Butter dazugeben und die Masse bei Zimmertemperatur abkühlen lassen. Diese Glasur ist sowohl für Muffins als auch für Kuchen geeignet.

Basisrezept für Kuchen in Rosenform

12 Muffins oder ein großer Kuchen

Sie benötigen:

400 ml Mehl
1,5 TL Backpulver
1 TL Vanille
125 g zimmerwarme Butter oder Margarine
200 ml Zucker
Geriebene Orangenschale
2 Eier
150 ml Milch
Puderzucker zum Bestreuen

Zubereitung:

Den Ofen auf 175 Grad vorheizen. Mehl, Backpulver und Vanillezucker mischen und zur Seite stellen. Butter und Zucker luftig schlagen und die Orangenschale dazugeben. Die Eier einzeln dazugeben und nach jedem Ei gründlich verrühren. Die Mehlmischung mit der Milch verrühren. Die Formen einfetten und den Teig verteilen. Der große Kuchen benötigt 40 Minuten, die Muffins ca. 20. Abkühlen lassen und Puderzucker durch ein Sieb darüberstreuen.

Kuchen in Rosenform

OKTOBER

Je WEITER wir durch das Jahr gehen, desto RUSTIKALER werden die SPEISEN. GESCHMORTES und GEBRATENES mit viel GESCHMACK, Saft und KRAFT gehört einfach zu dieser Jahreszeit. Eines der GEMÜSE, die man immer noch frisch bekommen kann, ist der Grünkohl. Dieser SCHMECKT einfach wunderbar und ist voll GUTER Vitamine und Mineralstoffe. Einer meiner besonderen Herbstfavoriten ist allerdings die CURRYSUPPE. Wir ESSEN diese Suppe praktisch das ganze Jahr hindurch, passen jedoch die GEMÜSE saisonbedingt an.

Grünkohl

OKTOBER

Pasta mit Grünkohl

Sie benötigen:

1 Packung Pasta
1 kg Grünkohl
3 zerdrückte Knoblauchzehen
1 Packung Bacon in Würfeln
Fein geriebener Grana Padano
Salz und Pfeffer
100 ml Sahne

Zubereitung:

Den Bacon in der Pfanne braten. Knoblauch im ausgelassenen Baconfett anschwitzen. Die Grünkohlbätter vom Strunk befreien und fein hacken. In einen Topf mit kochendem Wasser geben. Sobald das Wasser wieder kocht, noch eine Minute weiter bei voller Hitze auf dem Herd lassen, dann das Wasser abgießen. Den Grünkohl anschließend einige Minuten in der Pfanne braten. Mit Salz und Pfeffer abschmecken sowie den Bacon und die Sahne dazugeben. Die Pasta nach Packungsanweisung kochen. Mit Grana Padano servieren.

Omas Grünkohl

Sie benötigen:

1 kg Grünkohl
1/4 l Sahne
1/2 l Milch
1/2 EL Zucker
1/2 TL Salz
1/2 TL schwarzer Pfeffer
Etwas geriebener Muskat
Etwas Maismehl

Zubereitung:

Die Grünkohlblätter vom Strunk befreien und in einen Topf mit kochendem Wasser legen. Sobald das Wasser wieder kocht, noch eine Minute weiter bei voller Hitze auf dem Herd lassen, dann das Wasser abgießen. Die Blätter in ein sauberes Handtuch legen und gut abtropfen lassen. Abschließend mit dem Tuch trockentupfen und grob hacken. Gemeinsam mit Milch, Sahne, Salz, Pfeffer und Muskat in einen Topf geben. Eine halbe Stunde köcheln lassen, bis der Grünkohl gar ist. Maismehl in etwas Mehl ausrühren und in den Grünkohl geben. Weitere 5 Minuten köcheln lassen und mit Zucker abschmecken.

Rohkost mit Grünkohl

Für 4 Personen

Sie benötigen:

4 Blätter frischer Grünkohl
2 Äpfel
4 EL Creme Fraiche

Zubereitung:

Den Grünkohl sehr fein und die Äpfel in mundgerechte Stücke schneiden. Vermengen und nach Belieben Creme Fraiche dazugeben.

Griechischer Joghurt

mit Karamellcrisps aus Honig. Leckerer geht es nun wirklich nicht mehr! Passt auch mit etwas gemischtem Obst hervorragend zum Frühstück...

Sie benötigen:

KARAMELLCRISPS:

125 g Zucker
125 g Bergblumenhonig
125 g Schlagsahne
1/2 Vanilleschote
1 EL Öl
1 TL Salz
1 TL Tahina (Sesampaste)
Sesam

Zubereitung:

Zucker in eine Bratpfanne mit dickem Boden geben und karamellisieren, bis er eine nussbraune Farbe angenommen hat. Die Sahne in einem Topf erwärmen und bei stetigem Rühren langsam in den Zucker gießen. Bei schwacher Hitze weiterköcheln lassen, bis sich eine zähe Karamellmasse bildet. Den Honig und die anderen Zutaten beimengen. Die Pfanne auf dem Herd lassen, bis die Masse die richtige Farbe annimmt bzw. eine Temperatur von 130 Grad erreicht ist. Das Karamell in eine ofenfeste, mit Backpapier ausgelegte Form umfüllen. Mit Sesam bestreuen, wahlweise auch mit anderen Nüssen oder Kernen. Die Kombination aus salzig und süß gibt dieser Speise die ganz besondere Note. Stellen Sie das Karamell in den Kühlschrank, bis es fest wird. In kleine Stücke zerbrechen und mit griechischem Joghurt servieren:

Sie benötigen:

500 g griechischen Joghurt
3 EL Zitronenmarmelade
1/2 Vanilleschote
Zucker nach Belieben

Zubereitung:

Den Joghurt durch einen Kaffeefilter abtropfen lassen und anschließend mit den anderen Zutaten verrühren.

Tipp: Stecken Sie die verwendete Vanilleschote in ein Glas mit Zucker. Der Zucker nimmt die Öle der Schote auf. Regelmäßig schütteln und Sie erhalten einen herausragenden hausgemachten Vanillezucker.

Braisierter Rinderkamm

Für 4–6 Personen

Sie benötigen:

1 ½ kg Rinderkamm vom Fleischer

MARINADE:

3+1 EL Honig
2,5 Lorbeerblätter, im Mörser zerstoßen
1 dl Olivenöl
Salz und Pfeffer
Xidi (griechischer Rotweinessig)
1/2 Flasche Rotwein

BRAISIERTES WURZELGEMÜSE:

3 große Zwiebeln, 9 Mohrrüben, 1 Pastinake, 1 Petersilienwurzel

MARINADE FÜR DAS WURZELGEMÜSE:

100 ml Olivenöl, 1 EL Thymian, 1 EL Rosmarin, zerstoßener Pfeffer, ein Schuss Xidi

Zubereitung:

Geben Sie Honig, Xidi und Olivenöl zum zerstoßenen Lorbeer. Die Marinade gut mischen und mit Salz und Pfeffer würzen. Geben Sie die Marinade zusammen mit dem Fleisch in eine Plastiktüte und verschließen Sie diese gut. Lassen Sie das Fleisch über Nacht im Kühlschrank ziehen. Am kommenden Tag geben Sie Fleisch und Marinade in eine feuerfeste Form. Pinseln Sie einen Esslöffel zimmerwarmen Bergblütenhonig auf das Fleisch und gießen Sie den Rotwein in die Form. Stellen Sie das Fleisch in den auf 140 Grad vorgewärmten Ofen. Während des Braisierens halbstündlich das Fleisch mit der Flüssigkeit aus der Form übergießen. Zwischenzeitlich das Wurzelgemüse putzen, in mundgerechte Stücke zerteilen und ungefähr eine Stunde lang in der Marinade ziehen lassen. Nach 1 ½ Stunden das Gemüse in die Form hinzugeben und Alles für weitere 2 Stunden im Ofen lassen. Fleisch und Gemüse sollten auch weiterhin halbstündlich mit dem Saft übergossen werden.

Wickeln Sie das Fleisch in Alufolie und lassen Sie es ruhen, bevor es aufgeschnitten wird. Das Wurzelgemüse wird bis zum Servieren bei Nachwärme im Ofen belassen. Reduzieren Sie den Saft zu einem schmackhaften Jus.

HIERZU PASST KARTOFFELBREI:

Sie benötigen:

1 kg geschälte Kartoffeln
1 Ei
35 g Butter
50 ml Milch
Geriebener Muskat
Salz

Zubereitung:

Die Kartoffeln in ungesalzenem Wasser gar kochen. Die Hälfte der Kartoffeln mit dem Handmixer mit Ei, Milch und Butter vermengen. Die übrigen Kartoffeln zugeben und grob mixen. Mit Salz und Muskat abschmecken.

Grobes Landbrot

Für 4 Personen

Eigentlich ist es ein wenig geschummelt, ein guter Tipp ist es dennoch: Benutzen Sie eine Fertigmischung für Landbrot. Geben Sie 4 EL Speiseöl, ein wenig Salz, eine Handvoll gemischte Kerne und ein wenig grob gemahlenes Knoblauch darüber. Ferner Vollkornmehl. Wenn der Teig aufgegangen ist, drücken Sie die Luft heraus und pinseln die Oberfläche mit Olivenöl ein und geben nach Lust und Laune Kräuter wie zum Beispiel Rosmarin, Thymian, Ysop oder granuliertes Knoblauch.

Meringue – Baiser auf Französisch

Für 12 große oder 25 kleine Meringues

Meringue

Wir haben das Eiweiß über einem Wasserbad zubereitet um sicherzustellen, dass der Zucker ganz schmilzt. Der Essig verleiht dem Teig seine Festigkeit.

Sie benötigen:

115 g Eiweiß
225 g Zucker
1 TL Essig
30 g dunkle Schokolade

Zubereitung:

Den Ofen auf 150 Grad vorheizen und zwei Bleche mit Backpapier auslegen. Einen großen, halb mit Wasser gefüllten Kochtopf auf den Herd stellen. Das Wasser darf dabei nicht kochen. Eiweiß, Essig und Zucker in eine Schale geben. Den Topf vom Herd nehmen und die Schale in das Wasser setzen. Rund 10-15 Minuten mit dem Handmixer kräftig schlagen, bis die Masse fest wird Gegen Ende die gehackte Schokolade dazugeben. Die Masse auf den beiden Backblechen verteilen. In den Ofen stellen und die Temperatur auf 120 Grad vermindern. Die Backzeit beträgt 45 Minuten bei großen und 30 Minuten bei kleinen Meringues. Wenn die Zeit um ist, den Ofen ausmachen und die Meringues stehenlassen, bis sie abgekühlt sind.

TIPP:

Sie können Mandelmeringues zubereiten, indem Sie die Schokolade durch Mandelsplitter ersetzen. Mit Hilfe von Lebensmittelfarben lassen sich auch farbige Meringues herstellen.

Baileys-Eis

Wenn Sie Baileys mögen, werden Sie dieses Eis lieben. Und superschnell zubereitet ist es auch noch!

Sie benötigen:

200 ml Puderzucker
8 Eigelbe
1/2 l Sahne
50 ml Baileys

Zubereitung:

Eigelbe und Puderzucker weiß und schaumig schlagen. In einer anderen Schale die Sahne steif schlagen. Den Baileys unter die Eiermasse heben und vorsichtig mit der Sahne verrühren. Einfrieren und gemeinsam mit Brownies und eventuell etwas Beerenpüree servieren.

Besten Dank für dieses Rezept an Kirstine von Familien Nørgaards Køkken, www.team-noergaard.com

Mascarponeeis

Eine herrliche Variation der Mascarponecreme wird mit Eis, Schokolade und Marzipan zubereitet. Verwenden Sie das gleiche Rezept wie beim Tiramisu, nur ohne Biscotti.

Sie benötigen:

200 ml Puderzucker
8 Eigelbe
500 g Mascarpone
1/2 l Sahne
400 g grob gehackte Schokolade
400 g grob geriebenes Marzipan

Zubereitung:

Die Eigelbe mit dem Puderzucker schlagen, bis er fest und weiß wird. Die Sahne steif schlagen. Es ist wichtig, dass die Eiermasse und die Sahne sehr steif geschlagen werden, da dass Eis sonst nicht die Füllung tragen kann. Die Mascarpone unter die Eiermasse rühren, bis keine Klumpen mehr vorhanden sind. Anschließend unter die Sahne heben. Für die Füllung das Marzipan nach und nach in das Eis reiben und immer wieder verrühren, damit das Marzipan nicht verklumpt. Die gehackte Schokolade dazugeben. Das Eis sofort in das Gefrierfach stellen.

Brownies

Sie benötigen:

175 g Butter
200 g dunkle Schokolade
170 g Zucker
3 Eier
75 g Walnüsse
60 g Weizenmehl

Zubereitung:

Die Butter in einem Topf zerlassen. Den Topf von der Platte nehmen und die Schokolade zugeben und schmelzen lassen. Zucker und Eier schaumig schlagen. Die Nüsse grob hacken und im Mehl wenden. Mehl und Nüsse danach vorsichtig unter die Eiermasse rühren. Zuletzt die Schokoladenmasse dazugeben. Füllen Sie den Teig in eine kleine, eingefettete Backform. Bei 200 Grad für 25-30 Minuten in den Ofen geben.

Mascarponeeis

Currysuppe

Für 4-6 Personen

Sie benötigen:

1 EL Margarine
1 EL Curry
1 Zwiebel
2 Hähnchenschnitzel
1,5 l Wasser
2 Würfel Hühnerbrühe
100 ml Reis
1 EL Currypaste
100 ml Sahne
Salz und Pfeffer
1 Paprika
2 halbe Pfirsiche

Zubereitung:

Die Margarine zerlassen und den Curry darin anschwitzen. Gehackte Zwiebel und das in gewürfelte Hähnchenfleisch dazugeben und anbräunen. Wasser, Currypaste, Brühe und den losen Reis dazugeben und 15 Minuten kochen lassen. Sahne, Salz und Pfeffer nach Belieben zugeben. Die Paprika und die Pfirsiche in kleine Würfel schneiden und zur Suppe servieren.

Kartoffelbrot

Ergibt ca. 20 Brote. Diese Kartoffelbrote schmecken ganz hervorragend und halten sich lange frisch. Sie sind bestens geeignet für die Pausenbrote der Kinder.

Sie benötigen:

250 g gekochte Kartoffeln, 200 ml Kartoffelwasser, 1 Packung Hefe, 1 EL Öl, 250 g Pizzamehl, etwas Weizenmehl

Zubereitung:

Die Kartoffeln zerstampfen und abkühlen lassen. Die Hefe im handwarmen Kartoffelwasser verrühren und das Öl dazugeben. Anschließend die zerstampften Kartoffeln, das Pizzamehl und den Salz in das Wasser geben und gut verkneten, bis sich der Teig vom Boden löst. Mit einem Küchentuch abdecken und 15 Minuten lang gehen lassen. Danach in 20 Stücke teilen und jedes Stück zu einer kleinen Wurst rollen. In die gewünschte Form bringen und auf das Backpapier legen. Den Teig weitere 15 Minuten gehen lassen und danach bei 200 Grad für 13 Minuten backen.

NOVEMBER

Haben Sie JEMALS versucht, Ihr eigenes KNÄCKEBROT zu backen? Wir können Ihnen versprechen: Das ist ein ganz besonderes ERLEBNIS, bei dem sich ein Vergleich mit dem Kauf im Supermarkt natürlich gänzlich verbietet. November ist der MONAT, in dem man ganz gut VERTEIDIGEN kann, dass man langsam schon mal mit den WEIHNACHTSSÜSSIGKEITEN beginnt... auch hier natürlich nur unter Einsatz bester ZUTATEN. Probieren Sie aber auch einmal eines unserer LECKEREN Rezepte mit SPINAT. So halten Sie nicht nur Ihr Gewissen, sondern auch Ihre GESUNDHEIT in der richtigen Balance.

Tarte mit Datteln

Für 6 Personen

NOVEMBER

Tarte mit Datteln

Sie benötigen:

ZIMTTEIG:

25 g Zucker
1 Msp Salz
1/2 TL Zimt
200 g Mehl
100 g Butter
100 g Quark

FÜLLUNG:

300 ml Sahne
4 Eigelbe
50 g Zucker
Körner aus 1 Vanilleschote
25 g leicht geröstete, gehobelte Mandeln
14-18 frische, entsteinte Datteln

Zubereitung:

Alle trockenen Zutaten in die Küchenmaschine geben und mischen. Butter und Quark dazugeben und zu einem Teig verarbeiten. Die fertige Teigkugel eine Stunde lang im Kühlschrank ruhen lassen. Danach ausrollen und eine 22-24 cm große Springform damit auslegen. Backpapier auf den Teig legen und Bohnen einfüllen. Bei 200 Grad für 8-10 vorbacken, danach das Papier und die Bohnen entfernen.

Die Sahne aufkochen. Die Eigelbe mit dem Zucker und der Vanille schaumig schlagen. Die kochende Sahne in die Eiermasse einrühren. Die Creme in die Tarte geben, Datteln darauflegen und etwas Mandeln darüberstreuen. Danach die Tarte bei 190 Grad für 15-20 Minuten fertigbacken.

Apfelkuchen mit Datteln

Für 4-6 Personen

Sie benötigen:

4 große, säuerliche Äpfel
Saft von 1 Zitrone
2 reife Bananen
100 ml Kokosraspel
100 ml gehackte Datteln
100 ml Semmelbrösel
200 ml Creme Fraiche
Gehobelte Mandel

Zubereitung:

Die Äpfel grob reiben und mit dem Zitronensaft mischen. Die Bananen in Scheiben schneiden. Kokosraspel, Datteln und Semmelbrösel in einer trockenen Bratpfanne und ständigem Rühren rösten. In Lagen in eine Schale füllen.

Den Apfelkuchen mit Creme Fraiche, wahlweise mit Schlagsahne, und etwas gerösteten Mandeln garnieren.

Sandkuchen mit Datteln

Für 8 Personen

NOVEMBER

Sandkuchen mit Datteln

Sie benötigen:

150 g weiche Butter
250 g Zucker
2 Eier
1,5 TL fein geriebene Orangenschale
50 ml frisch gepresster Orangensaft
225 g Weizenmehl
2 EL Kakao
2 TL Backpulver
2 TL Vanillezucker
150 ml Milch
400 g halbierte Datteln ohne Stein

Bei Bedarf kann der Kuchen mit etwas Puderzucker garniert werden.

BEILAGE:
Schlagsahne oder Creme Fraiche.

Backzeit: Ca. 45 Minuten bei 175 Grad.

Zubereitung:

Butter und Zucker in eine Schüssel geben und mit dem Handmixer gut verrühren, bis die Masse hell und luftig ist. Die Eier einzeln dazugeben und jeweils gut verrühren. Orangenschale und -saft vorsichtig darunterheben. Mehl, Kakao, Backpulver und Vanillezucker in einer anderen Schüssel vermengen. Durch ein Sieb in den Teig geben und vorsichtig unterheben. Dabei nach und nach die Milch dazugeben. Zum Schluss die Datteln in den Teig mischen.

Den Teig in eine eingefettete Springform (ca. 22 cm) geben und gleichmäßig verteilen. Im Ofen Backen und anschließend 10 Minuten auf einem Gitter abkühlen lassen, bevor die Springform geöffnet wird. Den Kuchen gerne lauwarm mit Schlagsahne oder Creme Fraiche servieren.

Salat mit Datteln

Für 4-6 Personen

Sie benötigen:

100 g Walnüsse, 1 Handvoll frische Datteln, 1 reife Birne, 2 Handvoll Rucola, 100 g Schimmelkäse, 50 g Parmaschinken, 2 EL Olivenöl, 1 TL Honig, 2 TL Balsamico

Zubereitung:

Den gespülten und geschleuderten Rucola auf einer Schale anrichten. Danach die Walnüsse und die geviertelten Datteln darübergeben. Den Käse in kleine Stücke brechen und gemeinsam mit den Birnenscheiben über den Salat verteilen. Den Schinken zu kleinen Rosen zusammenfalten und auf dem Salat verteilen. Ein Dressing aus Öl, Honig und Balsamico darübergeben.

Zügig servieren. Dazu ein gutes Brot reichen.

Rustikales Knäckebrot

Ca. 40 Stück

Rustikke Knækbrød

Ca. 40 Stück

Sie benötigen:

100 ml Sonnenblumenkerne
100 ml Leinsamen
100 ml Kürbiskerne
100 ml Sesam
100 ml Haferflocken
150 ml Vollkornmehl
200 ml Weizenmehl
2 TL Salz
1 TL Backpulver
200 ml Wasser
100 ml Olivenöl

Zubereitung:

Alle trockenen Zutaten in einer Schüssel mischen. Wasser und Öl dazugeben und zu einem Teig verarbeiten. In zwei gleichgroße Stücke teilen. Jeweils zwischen zwei Blatt Backpapier so viereckig wie möglich ausrollen, sodass der Teig möglichst das gesamte Backblech füllt. Auf das Blech heben und das obere Backpapier abnehmen. Mit dem zweiten Teigstück ebenso verfahren. Auf jedem Blech den Teig in rund 20 Stücken schneiden und anschließend bei 200 Grad für 15 Minuten backen. Behalten Sie das Knäckebrot gut im Auge, sodass Sie den richtigen Moment abpassen, wenn das Brot eine goldene Färbung annimmt. Auf einem Ofenrost abkühlen lassen und anschließend in einer Keksdose aufbewahren. Sie können auch vorsichtig ein Loch in die Brote machen, solange sie noch warm sind. Dann lassen sie sich dekorativ in der Küche aufhängen.

Knuspriges Knäckebrot

Ca. 20 Stück

Sie benötigen:

180 g grobes Weizenmehl
60 g Weizenmehl
30 g Haferflocken
1/2 TL Salz

2 TL Rohrzucker
1/2 TL Backpulver
100 g kalte Butter
100 ml milder Joghurt
100 ml kaltes Wasser
Milch zum Bepinsel
Sesam oder Mohn zum Bestreuen

Zubereitung:

Alle trockenen Zutaten in einer Küchenmaschine mischen. Die kalte Butter in kleineren Stücken hereinschneiden und in der Maschine vermengen, sodass sich Brösel ergeben. Mit Wasser und Joghurt zu einem Teig verarbeiten und diesen eine halbe Stunde ruhen lassen. Den Teig dünn ausrollen, mit Mehl bestäuben und mit einer Gabel einstechen. In lange Vierecke schneiden. Alternativ können Sie die Brote auch mit einer Schale ausstechen und mit Hilfe eines Schnapsglases ein Loch in die Mitte machen. Mit Milch bepinseln und mit Sesam oder Mohn bestreuen. 15-20 Minuten bei 200 Grad in den Ofen geben. Danach auf einem Rost abkühlen lassen. An einem trockenen Ort lagern.

Pasta mit Spinat

Für 4 Personen

Sie benötigen:

1-2 Packungen Pasta - gerne Vollkorn
100 ml Sahne
Salz, Pfeffer und etwas Zucker
1 Packung Bacon mit Würfeln
1 Packung TK-Spinat
Gehackte Haselnüsse

Zubereitung:

Den Bacon knusprig braten und auf Haushaltspapier abtropfenlassen. Den Spinat mit etwas Sahne einkochen und mit Salz und Pfeffer abschmecken. Die Pasta nach Packungsanweisung kochen. Die Pasta portionsweise mit dem Spinat, dem Bacon und etwas gehackten Haselnüssen servieren.

Spinatlasagne

Für 4 Personen

Sie benötigen:

1 Packung Schinken in Streifen
1/2 Packung Lasagneplatten
1/4 l Sahne
100 ml Wasser
1 EL Zucker
1 Packung TK-Spinat
Salz und Pfeffer
Semmelbrösel und Parmesan zum Gratinieren

Zubereitung:

Den Spinat mit der Sahne, Zucker, Salz und Pfeffer in einen Topf geben und einkochen. Eine ofenfeste Form mit Öl bestreichen und hierin je eine Lage Spinat, eine Lage Schinkenstreifen und eine Lage Lasagnepasta legen. Immer weiter so verfahren, bis alles verbraucht ist. Mit Spinat abschließen. Semmelbrösel und geriebenen Parmesan darüberstreuen. Bei 200 Grad für 40 Minuten in den Ofen geben. Als Beilage bietet sich Tomatensalat mit Feta und ein selbstgebackenes Brot an.

Spinatbrot mit Lachs

Für 4 Personen

Sie benötigen:

4 Scheiben Brot
Etwas Öl
4 Scheiben frischen Lachs
1/2 Packung Spinat
50 ml Sahne
Haselnüsse oder Mandeln

Zubereitung:

Den Lachs in etwas Öl braten. Den Spinat mit Sahne kochen, bis er eine dicke, cremige Konsistenz annimmt. Eventuell auch das Brot kurz in der Pfanne anbraten. Danach das Brot mit dem Spinat und dem Lachs belegen. Etwas gehackte Haselnüsse oder Mandeln darüberstreuen.

Spinatsalat

Beilage für 4 Personen

Sie benötigen:

200 g Spinatblätter
100 ml Schlagsahne
1 EL Zucker
Bacon
Kürbiskerne
Croutons

Zubereitung:

Den Bacon knusprig braten und auf Haushaltspapier abtropfen lassen. Die Spinatblätter spülen, mit einem Tuch abtupfen und in einer Schale verteilen. Die Sahne zuckern und steif schlagen. Den Spinat mit Sahneklecksen, dem Bacon, Kürbiskernen und Croutons garnieren. Gerne mit etwas Brathähnchen servieren.

Omelett mit Spinat

Für 4 Personen

Sie benötigen:

8 Eier
400 g gekochte Kartoffeln, gerne vom Vortag
200 g frischer Spinat
1 Packung Feta
Salz
Pfeffer
Etwas Öl

Zubereitung:

Die Eier mit Salz und Pfeffer verrühren. Den gewürfelten Feta und anschließend den Spinat dazugeben. Das Öl in der Pfanne erhitzen. Die Kartoffeln in Scheiben schneiden und braten, bis sie eine goldene Farbe annehmen. Die Eiermasse über die Kartoffeln geben und bei schwacher Wärme braten, bis das Ei gestockt ist.

Wichtig: Beachten Sie, dass man Spinat nie aufwärmen sollte. Gekochter Spinat muss innerhalb von drei Stunden eingefroren werden, sollte aber am Folgetag lediglich kalt verspeist werden.

Sie benötigen:
1 l Milch
300 g weiße Schokolade
4 Vanilleschoten

Zubereitung:
Die Schokolade bei schwacher Hitze in der Milch schmelzen. Eine Vanilleschote in jede Tasse setzen – als Geschmacksgeber und Rührlöffel.

Heiße Schokolade in Weiß

Für 4 Personen

Cupcakes mit Frosting

Cupcakes med Frosting

Sie benötigen:

TEIG:

100 g weiße Schokolade
125 g Butter
125 g Zucker
5 Eier
2 TL geriebene Orangenschale
2 TL Vanillezucker
175 g Weizenmehl
1/2 TL Backpulver
50 ml frisch gepresster Orangensaft

Zubereitung:

Die Schokolade hacken und in der Mikrowelle oder im Wasserbad schmelzen. Butter und Zucker verrühren und die Eier einrühren. Die Schokolade zusammen mit der Orangenschale und dem Vanillezucker unterheben. Mehl und Backpulver mischen und gemeinsam mit dem Orangensaft einrühren. Den Teig in Förmchen füllen und bei 175 Grad für 20–30 Minuten backen.

Sie benötigen:

FÜR DAS FROSTING:

170 g Butter
340 g Puderzucker
50 g weiße Schokolade
3 EL Milch

Zubereitung:

Die Butter mit dem Puderzucker verrühren, bis sie schaumig wird. Die Schokolade in einem Wasserbad schmelzen und in die Butter einrühren. Die Milch dazugeben einige Minuten kräftig rühren. Streichen Sie das Frosting auf die Cupcakes und setzen Sie eventuell noch eine Blaubeere als Garnitur obendrauf.

Weißes Schokoladeneis

Für 4 Personen

Sie benötigen:

200 g weiße Schokolade
2 EL Zucker
2 Eigelbe
300 ml Schlagsahne

Zubereitung:

Die Schokolade in einem Wasserbad schmelzen. Eigelbe und Zucker schaumig schlagen. Die Schokolade abkühlen lassen, bis sie handwarm ist. Die Eiermasse vorsichtig unterheben. Die Sahne steif schlagen und ebenfalls unterheben. Anschließend einfrieren, hierbei aber in den ersten Stunden immer mal wieder umrühren. Das fertige Eis in Schalen servieren – wir haben hier schöne, alte Cafe Latte-Schalen und passende Silberlöffel verwendet.

Weißes Schokoladen-mousse

Für 4 Personen

Sie benötigen:

150 g weiße Schokolade
1/4 l Schlagsahne
6 Eigelbe
50 g Rohrzucker

Zubereitung:

Die Schokolade im Wasserbad schmelzen. Die Sahne steif schlagen. Die Eigelbe und den Zucker schaumig schlagen und die Schokolade unterheben. Die Schlagsahne nach und nach unter die Schokoladenmasse heben. Anschließend das Mousse in 4 Portionsschalen füllen. Bei Bedarf mit etwas geschmolzener weißer Schokolade verzieren.

Weißes Konfekt

Sie benötigen:

1 Paket frische Datteln
250 g Marzipan
200 g weiße Schokolade
Zuckerperlen oder andere Garnitur

Zubereitung:

Die entsteinten Datteln mit einem kleinen Stück Marzipan füllen. Die weiße Schokolade im Wasserbad schmelzen und das Konfekt damit überziehen. Sofort Zuckerperlen oder andere Garnitur darüberstreuen.

DEZEMBER

Und schon ist es wieder **DEZEMBER**, und alles ist in heller **AUFREGUNG**, um ein perfektes, **GEMÜTLICHES** Weihnachtsfest auf die Beine zu stellen. Unsere Rezepte werden Ihnen dabei helfen, die richtige **WEIHNACHTSSTIMMUNG** zu verbreiten. Wir bieten Ihnen **REZEPTE** für warme Getränke, perfekt für die **THERMOSKANNE**, wenn Sie durch den winterlichen Wald **SPAZIEREN** oder Ihre **SCHLITTSCHUHE** anschnallen. Oder auch zum **AUFWÄRMEN** danach. Wir verraten Ihnen auch einige tolle Rezepte für **KONFEKT**, das so **EINFACH** herzustellen ist, dass alle Ihre Freunde glauben werden, Sie hätten ihnen eine **KONDITORAUSBILDUNG** verschwiegen. **FROHE WEIHNACHTEN!**

Warmes zu Weihnachten

Omas Glögg

In Skandinavien trinken wir zur Weihnachtszeit Glögg, eine fruchtigere, weniger schwere Version des Glühweins. Glögg lässt sich ganz hervorragend selbstmachen.

Sie benötigen:

1 Flasche Rotwein, 100 ml Schnaps, 5 Zimtstangen, 20 ganze Nelken, 1 kleines Stück Ingwer, eventuell etwas Kardamom, Pommeranzenschale, 50 g Zucker, 1 TL Vanille, 75 g Rosinen, 50 g Mandeln

Zubereitung:

Schnaps, Zimt, Nelken, Ingwer, Kardamon, Vanille und Pommeranzenschale in ein Gefäß mit Schraubverschluss füllen und mindestens einen Tag ziehen lassen. Anschließend den Schnaps sieben und gemeinsam mit dem Rotwein, dem Zucker, den Rosinen und den gehackten Mandeln in einen Topf geben. Erwärmen, aber nicht kochen lassen.

Weihnachtskaffee

Ein herrlich würziger Kaffee, der dem ganzen Körper Wärme spendet.

Sie benötigen:

4 Tassen starken Kaffee
1/2 TL Zimt
1/2 TL Muskat
1/2 TL geschrotete Nelken
2 EL Butter
2 EL brauner Zucker
100 ml Schlagsahne
Etwas geriebene Zitronenschale

Zubereitung:

Die Butter schaumig schlagen und Zucker und Gewürze dazugeben. Je einen EL in die Tassen geben. Kaffee und Sahne auf die Tassen verteilen und gut umrühren. Sie können gerne auch einen Schuss Cognac hinzugeben.

Holundertoddy

Alkoholfrei

Enthält massenhaft Vitamine und stärkt so Ihre Immunabwehr für die Winterzeit. Schmeckt außerdem hervorragend und ist auch für Kinder und Autofahrer geeignet.

Sie benötigen:

20 cl Holundersaftkonzentrat
2 ungespritzte Orangen
4 EL Zucker
1 Vanilleschote
1/2-1 Flasche Mineralwasser

Zubereitung:

Das Holundersaftkonzentrat gemeinsam mit dem Orangensaft, dem Zucker und der aufgeschnittenen Vanilleschite erwärmen, aber nicht kochen lassen. Auf vier Gläser verteilen und direkt vor dem Servieren mit Mineralwasser auffüllen.

Sie benötigen:

Sie benötigen:

250 g Mehl
250 g Zucker
2 Eier
1 Eigelb
150 g ganze Mandeln
1/2 TL Backpulver
2 El Vanillezucker
15 Tropfen Mandelessenz. Bei Bedarf auch Kakao, Zimt oder ein anderes Aroma.

Zubereitung:

Alle Zutaten in einer Schale mischen und mit den Händen verkneten. Der Teig sollte klebrig sein, braucht aber nicht zusammenzuhalten. Zu Stangen formen und auf ein Backblech legen. Bei 180 Grad für 20 Minuten backen, anschließend fingerdicke Stücken mit einem scharfen Messer abschneiden, solange das Gebäck noch warm ist. Wenn Sie gerne extra harte Biscotti haben möchten, stellen Sie diese für weitere 10 Minuten in den Ofen.

Warmer Cider

Viel zu wenig bekannt. Dabei ist dieses Getränk wunderbar erfrischend.

Sie benötigen:

3/4 l Apfel- oder Holundercider
2-3 EL Zitronensaft
1 Zimtstange
1 Vanilleschote

Zubereitung:

Die Vanilleschote aufschneiden und alle Zutaten in einen Topf geben. Sobald das Getränk zu kochen beginnt, von der Platte nehmen und zwei Stunden lang ziehen lassen. Direkt vor dem Servieren noch einmal erwärmen.

Dezember ist für uns die Zeit des hausgemachten Konfekts. Da führt kein Weg drumherum. Eine wunderbare, gemütliche Beschäftigung, an der die ganze Familie teilhaben kann. Und es schmeckt einfach himmlisch! Voraussetzung hierfür ist, dass Sie nur beste Zutaten verwenden. Nur wer keine Kompromisse eingeht, bekommt auch den vollen Geschmack. Kirstine hat hier einige Tipps zusammengestellt, mit denen Sie Konfekt wie in der Konditorei herstellen können. Machen Sie am besten gleich eine größere Menge und verwenden Sie das Konfekt als Gastgebergeschenk.

Guten Appetit

Alle Rezepte sind so zusammengestellt, dass Sie selbst entscheiden können, wieviel Sie von jeder Sorte zubereiten wollen. Grundzutat bei den meisten Sorten ist Marzipan oder Nougat.

Konfekt

Marzipanträume

Marzipan zu Kügelchen formen und danach in einem Eierschneider leicht oval drücken, sodass sie feine Rillen bekommen. In dunkle, geschmolzene Schokolade tauchen und mit einem weißen Stern dekorieren.

Kirstines beste Tipps:
Wenn Sie Schokolade schmelzen, sollten Sie immer etwas Palmin dazugeben. So lässt sie sich leichter verarbeiten und verbricht nach dem Abkühlen nicht.

Schokoladenblumen

Dunkle, geschmolzene Schokolade in kleine Rosenformen füllen. Die Formen für einige Minuten in das Tiefkühlfach stellen und den Rest in die Schale zurückfüllen. Jede Blume mit einer Mischung aus geschmolzenem Nougat, gehackten Haselnüssen und Baileys füllen. Die Formen erneut einige Minuten in das Eisfach stellen. Den Boden mit geschmolzener Schokolade überziehen und die Formen zurück in das Eisfach stellen. Nach einigen Minuten kann das Konfekt aus den Formen gelöst werden.

Schokoladentüten

Nougat bei niedriger Hitze in einem Topf schmelzen. Gehackte Haselnüsse und Baileys dazugeben. Die Masse in einen Spritzbeutel füllen und in kleine Spitztüten füllen. Mit Schokoladenherzen in weißer und dunkler Schokolade garnieren.

Ein himmlischer Leckerbissen

Viele bereiten traditionelles Marzipanbrot mit Nougat und einem Überzug aus dunkler Schokolade zu. Eine himmlische, gehaltvolle Alternative ist jedoch ein rustikaler Konfektkuchen.

Die geschmolzene Schokolade in eine längliche, mit Klarsichtfolie ausgelegte Backform füllen. Wechselweise helle und dunkle Schokolade einfüllen, so dass sich ein schönes Muster ergibt. Nüsse hacken und gemeinsam mit geschmolzenem Nougat dazugeben. Auch ein Schuss Baileys passt hervorragend. Kurz umrühren, so dass die Zutaten durchmischt sind. Rühren Sie nicht zu lange, da der Kuchen gerne sein Muster behalten soll. Zum Schluss die übrige Schokolade darübergießen. Den Kuchen in das Tiefkühlfach stellen, bis alles fest ist. Den Konfektkuchen stets im Kühlschrank aufbewahren.

Goldkugeln

Marzipankugeln mit einer Haselnuss in der Mitte drehen. Mit weißer, geschmolzener Schokolade überziehen und anschließend in dunklem Rohrzucker wenden. Ein fantastischer Genuss!

Trüffelkugeln

von Tante Karin

Sie benötigen:

4 EL Butter
100 ml Sahne
500 g weiße Schokolade

Zubereitung:

Die Butter zerlassen, danach Sahne und Schokolade dazugeben. Kurz aufkochen und in einer Schüssel in den Kühlschrank legen, bis die Masse beinahe fest ist. Mit Hilfe eines Löffels kleine Eier formen. In das Tiefkühlfach legen. Danach in geschmolzene weiße Schokolade tauchen und mit kandierten Veilchen garnieren.

Walnusshäppchen

Dunkle Schokolade schmelzen und in Eiskonfektförmchen gießen. Etwa bis zur Hälfte füllen. Kleine Marzipan- oder Nougatkugeln formen und in die Formen legen. Mit geschmolzener Schokolade aufgießen, bis die Kügelchen verdeckt sind. Zum Schluss eine halbe Walnuss in die Mitte setzen, wahlweise auch eine Mandel oder andere Nüsse.

Wenn Sie Ihr Konfekt mit einem Muster verzieren wollen, können Sie etwas geschmolzene Kuvertüre in einer Kontrastfarbe in einen Gefrierbeutel füllen. Ein kleines Loch in die Ecke schneiden und als Spritzbeutel benutzen.

Nougatträume

Nougat in Blöcke à 3x1,5 cm schneiden. Eine Pecannuss auf jeden Block setzen und mit geschmolzener dunkler Schokolade überziehen. Mit Mustern aus geschmolzener weißer Schokolade überziehen.

Omas Kokoskonfekt

Marzipan und Baileys verkneten. Zu kleinen Kugeln drehen und in Kokosraspel wenden.

Tipps:

Bewahren Sie Ihr Konfekt immer im Kühlschrank auf.

Der Fachhandel hält eine Reihe toller Hilfsmittel für die Herstellung von Konfekt bereit. Hier werden Sie auch viele wundervolle Pralinenförmchen finden.

Frohe Weihnachten!

Reihe toller Hilfsmittel für
bereit. Hier werden Sie auch
Pralinenförmchen
finden.

Gebrannte Mandeln

Sie benötigen:

250 g Mandeln
250 g Zucker
3/4 l Wasser

Zubereitung:

Die Zutaten in einen Topf geben und aufkochen, bis Blasen geworfen werden. Regelmäßig mit einer Gabel umrühren. Danach die Hitze vermindern und auf dem Herd stehen lassen, bis das Wasser komplett verdampft ist und sich der Zucker kristallisiert hat. Der Zucker muss nun noch schmelzen, jedoch nur so viel, dass er sich als Klumpen um die Mandeln legt. Dabei regelmäßig weiterrühren. Wenn Sie zu lange warten, lassen sich die Mandeln nicht mehr voneinander trennen. Die Mandeln auf Backpapier verteilen und mit einer Gabel voneinander trennen.